つくる・教えない『教える授業』

――教師としての〝腕〟をみがく

佐久間勝彦

一莖書房

はしがき

教師はファシリテーターや教育コーチとなって、「教えない授業」に努めるべきだと唱道して、授業の質を問うことをしない風潮には、釘を刺さなければならない。私はそう認識して『教えない「教える授業」――すぐれた教育の実践に学ぶ』を２０２０年に出版した。

「教えない『教える授業』」というのは、「教えない授業」なのか「教える授業」なのか、首をひねる方が多いであろう。教えていないように見えるが、しっかりと確かに教えている。教えているのだが教えられているとは思えないまま、いつの間にか「学びの世界」に誘い込まれている、それが「教えない『教える授業』」である。

知識を伝達してそれを覚えさせていくような「教える授業」ではなくて、豊饒な「教える力」を駆使して子どもの知をゆさぶり、「新たな知」の獲得に向かう。教師の「教える」と子どもの「学ぶ」が組み合わされて、知が切り拓かれていく「教えない『教える授業』」である。

〝薄っぺらな「教えない授業」〟は、「令和の日本型学校教育」改革の推進を謳う中教審答申（２０２１年）によって、ますますの広がりを見せている。タブレット端末が「文房具」の一つとして机上に置かれ、それを上手く操って「個別最適な学び」を行い、その「学び」で得たことを「協働的な学び」で披露し合って、最後の5分くらいで「ふりかえり」を書いて授業を終える。「教えることの豊饒さ」が封じられるこのような授業が繰り返されていては、磨きをかけなければならない教師の知性や感性、そして子どもに培いたい知性や感性が萎えていく。

「主体的・対話的で深い学び」は「我が国の優れた教育実践に見られる普遍的な視点」であると、学習指導要領が言明し、萩生田光一文部科学大臣は「これからの教育」は「これまでの我が国の150年に及ぶ教育実践の蓄積の上に、最先端のICT教育を取り入れ」て「劇的に変わります」と国民に表明した。

この認識を踏まえるならば、蓄積されている「優れた教育実践」に見られる「普遍的な視点」を存分に活かすことをしないと、ICT教育を誇るだけの授業となっていく。本書の第3章と第4章では、〝薄っぺらな「教えない授業」〟が推進されている現今の〝危うさ〟を指摘するとともに、斎藤喜博の授業実践に見られる「普遍的な視点」を明らかにして、「主体的・対話的で深い学び」が志向すべき授業像を描き出した。

この数年、コロナ禍の教育はその諸面で制約がかけられ、3密（密閉・密集・密接）を避けるためにはオンライン化の推進が欠かせないという声が高まった。しかし、教育といういとなみが稔りをもたらすには、「親密・緻密・濃密」という〈3密〉が尊重されなければならない。教師と子どもたちが教室で親密に関わり、緻密に構想された計画のもとで実践が繰り広げられ、濃密で周密な時間が過ごされる。教育が深く根を伸ばす土壌としての〈3密〉についても、この二つの章で強調もした。

Society5.0の時代に入ったこんにち、チャットGPTに象徴されるようなAIの技術革新には目を見張るが、ロシアのウクライナ侵攻などが次々に生起して、先行きの見えない状況下にある。その折々に考えたことは書き遺しておかないと、「あのころは大変だったね」と思い出話で済ますようになっていくだろう。いろいろと考え巡らせた私の思いを第2章に収めたが、執筆した時点では共感されたことも、今では「あのとき」のこととして読み流されるかもしれない。そのようなことを憂慮して、文末には初稿の年月を書き添えて加筆・補筆を行った。なお第1章には、テレビなどで見聞きしたり本を読んだりして、想いがひろがったエッセイを載せている。

本書には「授業をつくる」という実践者としての視点が底流しているので、書名は『**つくる◆**教えない『教える授業』——教師としての〝腕〟をみがく』とした。「あとがきに代えて」の副題は「『教師くささ』を取り払って、『教師の腕』を研ぐ」である。子どもの「学び」を深めるためには、教師としての〝腕〟の研磨が欠かせない。

本書の拙文は、「『現場としての授業』をつくるために力をみがく会」の会誌にまず書かれ、月刊誌「事実と創造」（一莖書房）の連載エッセイに掲載された。『アクティブ・ラーニングへ——アクティブ・ティーチングから』、『教えない「教える授業」』に続く拙書である。前二書も合わせてお読みいただければ幸いである。

目次

第3章 「令和の日本型学校教育」改革は子どもの知を磨くか

第1章

【遠い国からやってきた旅人】として迎える子どもたち

子どもは【遠い異国からやってきた旅人】である
——幼稚園の先生にリモート講演

リモート研修会の講師依頼が、北九州市の私立幼稚園連盟からきた。『教えない「教える授業」』を読んだ高原恵子先生（教育研究委員長）からの、「日々保育に疲れている保育者の心を元気づけてほしい。私ども保育者にエールを送っていただければ……」との依頼である。

幼稚園教諭に対する講演は初めてで、リモート講演もしたことがない。コロナ禍で「密」を避けて行うとすれば、このような形にならざるを得ないのだろう。北九州市の90幼稚園とズームで繋がるオンライン研修会である。

私は冒頭で、聞きたいことや募ってくる思いがあれば、随時チャットで伝えてくれるようにとお願いした。互いに少しでも近しさが感じられるように望んだからである。

＊＊＊

演題は「子ども【遠い異国からやってきた旅人】の迎え方」で、浜文子さんの『祝 育児』（小学館）から採った。

——子どもは十ヶ月かけて、遠い異国からやってきた旅人です。無一文で、スーツケース一つ持たず、衣服もまとわず、ある日両親のもとへ、ひょっこりと訪れた旅人です。コトバは分からなくとも、食物を与え、微笑みながら話しかければ、異国からの旅人も、〝ここは居心地がよい〟と感じ、〝ここに居て良いんだ〟と心が安定し、〝この人に頼ればいいんだ〟と信頼も芽生えます。

まずは「遠い所をよくいらっしゃいました」という心で旅人に接することです。しつけは二の次にして、「旅人」の運んでくる異文化を味わってください。——

私は育児に関して様ざまな主張にふれてきたが、浜さんのこの子ども観に心が洗われた。幼稚園の先生方も、「遠い異国からやってきた旅人」を迎える思いで、子どもたちと出会ってほしい。そう願ってのテーマ設定である。

幼子が親の膝に座って、安らかにひとときを過ごしている。その姿は「旅人が列車の中で自分の指定席を見つけ、そこに腰を下ろしホッとしているような雰囲気」ではないかと、浜さんは述べる。そして、子どもというのは、成長してからも「指定席を求めます」と言い添える(『お母さんと呼ばれるあなたへ』Gakken)。

登園した子どもたちが次々に、ここは「私の指定席だ」とお座りしてくる。そういう光景が見られる幼稚園は素敵である。次のようなチャットがあった。

——園にいるときは、先生のお膝が一人ひとりの子どもたちの〝ぼくの〟〝わたしの〟指定席。そう思ってもらえるように、明日からの保育もあたたかな言葉で、やわらかな大きな丸につつみこめるように、子どもたちと楽しみながら過ごしたい。——

ところで、遠い異国から旅してきた子どもたちを、教師はどのように迎えればいいのだろう。それは、この社会に伝わってきている様ざまな遊びや楽しみの数々と立ち会わせて、「旅してきてよかった」と安らかな気持ちになってもらうこと、そして、内奥から湧いてくる様ざまな思いをカタチに創り変える喜びを味わってもらうことである。

浜さんの詩「おそと」の一節に、「おそと　おそと　と　あなたはせがむ　おうちの中の見慣れたものは　もう　あなたを　わくわくさせない　おそと　おそと」とある（前掲『お母さんと呼ばれるあなたへ』）。

たしかに、子どもは小雨がパラついていても風が冷たく吹いていても、「おそと」に出たがる。その「おそと」というのは「家の外」という場所ではなくて、「見慣れているこの家の外」を指していた。「ここととは違う空気にふれたい」と願って、旅してきた子どもたちである。私たちは大人になっても、何かができるようになると、それより少し難しいことに挑んでみたくなる。「できるかな?」と一抹の不安をもっていたことが、何とか成し得たときは気持ちが高ぶる。子どもであればなおさらである。

扉を開け窓を開けて、「おそと」の新しい空気を吸い込みたい。そういうすがすがしい子どもたちと同じ空間に居られるとは、なんと幸せな教職であろう。

＊　＊　＊

画面越しに接している先生方が、それぞれの〝素顔〟を見せてくれる場が訪れた。子どものつぶやいた〝詩〟にコメントを贈り届ける時間である。

私はまず、『読売新聞』紙上で詩人の川崎洋さんが選んだ「こどもの詩」の中から、3歳から5歳の子どものつぶやき10遍を紹介した。たとえば、「あのねママ、ボクどうして生まれてきたのかしってる？　ボクね　ママにあいたくて　生まれてきたんだよ」である（『おひさまのかけら』中央公論新社など）。

ぽそっと口にする子どものつぶやきを耳にすると、気持ちがほんわかしてくる。私たちが「大人になった」ことで「失ってしまった能力や感覚」を「心と体のなかに息づかせて」いて、乾いていた私たち大人の内面をみずみずしく潤してくれる子どもたちである（前掲『おひさまのかけら』）。

さて、次の2つの「つぶやき」に、先生方はどのような思いを送るだろうか――。

○知ってる？――ねえーおかあさん　おれがようちえん　いきたくないの　しってる？（うん知ってるよ　先生のことが　大好きなのも　しってるよ）　そうなんだよ　だからおれ　こまっちゃうんだよ（本橋啓太・4歳）

○ようちえん――ああ　はやくおとなになりたい　おとなになったら　ようちえんのせんせいになって　また　まつえようちえんに　かようの（島田明日美・6歳）

画面には次々にチャットが映されていって、10分ほどの間に76編が伝えられた。先生方の温かいまなざしのシャワーを浴びて、私はほかほかとしてきた。

ここでは、島田明日美ちゃんに贈るコメントを12編挙げる。

・大人になったら先生とお友達になれるんだね。
・まつえようちえんもうれしいよ。
・先生おばあちゃんになっているかもしれないけど、待ってるよ。
・あすみちゃんなら優しい先生になれるね。
・あぁ、先生はもう一度子どもに戻りたい。
・先生も一緒に働けるように、長生きする！
・やったー。じゃあ先生とまたいっぱい遊べるね。
・先生になったあすみちゃんを早くみたいな！
・じゃあ、卒園式はお別れじゃないね！
・そしたら、今度は先生が子どもになって、あすみ先生と一緒に遊びたいな。
・じゃあ、先生の子どもをよろしくね。
・あすみ先生、何して遊ぶ？

ちょこんと座る「先生の膝の上」が特別な「指定席」となるのは、こういう言葉を耳元でささやいてもらえるからでもあるにちがいない。北九州市のそれぞれの幼稚園に通う子どもたちは、とても幸せな子ども時代を送っている。

研修会の最後に、石井桃子さんが94歳のとき（２００１年7月18日）、杉並区立中央図書館を訪れた際に贈呈した色紙の言葉を紹介した（『石井桃子のことば』新潮社）。

子どもたちよ
子ども時代を　しっかりと
　　　　たのしんでください。
　　おとなになってから
　　老人になってから
あなたを支えてくれるのは
子ども時代の「あなた」です。

＊＊＊

この研修会は「人権教育研修会」と銘打たれていた。人権というのは「人間が生まれながらにしてもっている、他からおかされたり、そこなわれたりすることのできない、自由・平等などの権利」（三省堂現代新国語辞典）を言う。

つまり、研修会の趣旨は、基本的な人権が尊重される社会を築くために教育はどう在ったらいいか、研修を積むところにある。そうであれば、「子どものかけがえのない資質を磨く」という保育・教育の原点に立ち帰って、一人ひとりの子どもと真摯に向き合う意味をかみしめる時間をつくればいい。私はそう思って、「人権」という言葉は口にしない90分の〝講演〟を行った。

高原先生からさっそくメールが届いたので、その一部を紹介する。

――柔らかな雰囲気が作り出す時間空間は、日々慌ただしく過ごしている幼稚園の先生方にとって素敵なやすらぎの時間だったのではないでしょうか。寄せられたチャットの内容を見ても、参加の先生方のホッとした顔が目に浮かぶようでした。

感染に不安の毎日の中で知らず知らずのうちに疲弊している先生方の心を癒し、子どもの傍らに立つときのこころもちが少しでもやさしくなれればいい、その雰囲気こそが今、子どもたちが私たち大人に求めている権利なのではないかと思っています。

私も昨夜は久しぶりに石井桃子さんの新しいおとなの本を引っ張り出して読みました。石井桃子さんのお人柄によるところが多いのでしょうが、それにしてもこの時代の言葉遣いはゆったりとして情緒がありますね。ほっこりしました。――

〈２０２０年3月初稿〉

テレビドラマ「35歳の少女」（脚本・遊川和彦）は、考えさせられることが多かった。少女の名は「望美」、たくさんの人に希望を与えられる子に育ってほしいという願いが込められている。妹（愛美）が生まれて、時岡家は家族4人で幸せな暮らしをつづけてきていた。

望美が小学4年（10歳）になった10月10日、すき焼きを囲む夕食に、母・多恵（鈴木保奈美）は豆腐を買い忘れた。「とんぼのめがねは、みずいろめがね……」と口ずさんで自転車で買いに出た望美は、下り坂に差しかかってブレーキをかけたが利かない。

植物人間となった娘の看病に全身全霊を捧げて25年、望美（柴咲コウ）は奇跡的にも、目を覚ました。離婚している父と家を出たＯＬの妹が呼び寄せられ、今も幸せな家庭が築かれていると思わせる面会となった。面影がすっかり変わった父と妹そして母を、初めて顔を合わせているようにながめる望美である。

ものを言おうと口を動かしたが声にならず、口元がいくらか動くにとどまった。「も　も」と言っているんじゃない？　そう推測した家族は「桃が食べたいの？」と聞いた。が、望美は首を振った。

＊　＊　＊

25年前のままにされている自分の部屋に入った望美は、そのころをありありと思い起こした。勉強机に置かれている〝ぬいぐるみの亀〟を抱き寄せ、本立ての『モモ』を手にしてページをめくった。

『モモ』は、仲の良い結人くんに「読書感想文が書けない。何読んだらいい？」と聞いて借りた本で、裏表紙にはマジックインキで「四年二組　広瀬結人」とあった。退院祝いの夕食にサプライズで招かれた結人（坂口健太郎）は、返された『モモ』をなつかしそうに手にした。

望美は小学4年のとき、分からないところがあると、近くの図書館で結人くんに勉強を教わった。望美に「教え方が上手だから、先生になったら」と言われたことが忘れられず、結人は教職に就いた。しかし、クラスで起きていたいじめに気づくことができず、自殺させてしまった。

責任を感じて職を辞した結人は代行業に就き、結婚式とか葬式に親族のふりして出席したり、恋人のいないヤツのデートをしてやったりする仕事をして、ブラブラと気楽に過ごしている。

結人の話すことに、望美はじっと耳を傾けた。

――子どもというのは、本気でぶつからないと心をひらいてくれない。小学4年生というのは人格形成にとっても大事な時期で、自分の長所とか個性に目覚めると、予想以上にどんどん成長していく。コンプレックスをかかえて友達ができなくて悩んでいる子に、「君にはこんないいところがあるんだよ」とか「君のことを求めている人が必ずいるよ」と教えると、見違えるように元気になる。

そうやってクラスのみんなが自信をもってくれて笑顔でいれば、いじめなんか全然起こらなくて、いい思い出をいっぱいつくってくれている。教師になってよかったと、そう思っていました。――

25年前のあの〝結人くん〟に出会っているようで、望美は心があたたかくなってきた。すると、その後に生じた彼自身のことや現今の社会のことが語気を強めて話し出された。

――でも、そんなのうそです。オレは教師なんかやってません。ばかばかしくてやめました。今、ガキは大人のことなめてるし、保護者はどいつもこいつもうるさいし。悪いな、ご期待に添えなくて。オレは今ブラブラしながら代行業やっているんだ。オレはお前の思っているような結人くんじゃないんだよ。夢とか愛とか甘っちょろい言葉を聞くと虫酸が走るし、毎日ブラブラ楽しく生きていればいいんだ。

ついでに言えば、今はお前が夢見ていたような未来じゃないんだよ。温暖化や差別、原発やらがいっぱい問題になっているのに、そういうことには目をつぶって、自分が得することばかり考えてんだ。お前はさあ、ずっと寝たままの方がよかったんじゃないの。あと何年もつか分かんないこの星で生きていく心配なんかしなくてよかったもんな。――

「帰って！」と母に告げられた結人は、憮然として席を立った。大声を上げて泣きじゃくった望美は、翌朝、杖をついて家を抜け出て通っていた小学校へ行き、校庭で遊ぶ子どもたちを見ていた。

知らせを受けた結人は、望美が向かうのは小学校だと見当をつけた。当時の校舎は建て替えられていて街並みもすっかり変わっていたが、近くの図書館は昔のままであった。2人はなつかしがって入館し、勉強を教わった椅子に座った。

「長いこと、長いこと眠っていた。もう誰もいない。すべては過ぎ去った」と望美がつぶやくと、結人は、『モモ』の中の、時間の止まった国から戻ったときの言葉だと気づいた。「話す声は聞こえてくるし、言葉は聞こえてくるのですが、話す人の心は聞こえてこないのです」と、時間どろぼうにだまされそうになったときのモモのつぶやきが、口にされることもあった。

ドラマは、物語『モモ』の中のこのような言葉にときどき出会わせて展開していく。心を通い合わせることのできなくなった人たちの中にポツンと放り出された望美が巡り合う思わぬ事態については、ここではふれない。

＊＊＊

ミヒャエル・エンデの『モモ』（岩波書店）は、灰色の男たちに奪われた「じぶんじしんの時間」を取り返していく、ふしぎな女の子の物語である。

ある日、円形劇場の廃墟にひょっこり現れたモモは、背は低くてやせっぽち、くしゃくしゃにもつれたまき毛で、大きな真っ黒な目をしていた。町の人たちは、自分の話をじっと聞いてくれる小さなモモが愛おしくてならない。ただ静かに聞いていてくれているだけなのだが、どうしていいか分からずに迷っていた人には、自分の意志が急にはっきりしてくる。引っ込み思案の人には、どこからか勇気が湧き出てくる。自分は不幸だと落ち込んでいる人や悩みをかかえている人には、希望が満ちてくるのだった。

「時間どろぼうの国」の重罪法廷で、国の機密をモモに漏らした罪で裁かれることになった灰色の男は、「あの子の聞き方は、私から何もかも吐き出させてしまうような一種独特の聞き方で、どうしてそうなったのか、私は自分でも分かりません」と弁明した。

モモがもつ「ひとの話に聞き入る力」について、それは「自分をまったくからにすること」によって生まれている。「自身のなかに他者を迎える空席」を用意して、相手の人をその「空間に入れてあげ」る聞き方だとエンデは指摘する（子安美知子『「モモ」を読む』学陽書房）。

子安さんは述べる。――ほんとうの「聞く力」は、「事実そのものに語らせる」ことになり、すべてを見抜く力になります。見抜かれてしまったときの、悪の側のあわてぶりを見てください。――

ところで、子どもは誰もが「想像力の翼」をもっていて、その「羽根を広げきって」遊ぶ時間が楽しみでならない。その場にモモが居ると、「きのうまでとちがう遊び」が生み出されるので、さらに楽しみが増す。子どもの創造活動をふくらませる「源泉」と言ってもいいモモである。

しかし、子どもたちのそういった時間は、灰色の男たちにはムダの極みとしか考えられない。そこで、リモコンで走らせる高価な戦車や小さなロボットを与えて、時間を節約させようとするが、子どもたちには興味が湧かない。自動でしゃべる人形たちや着せ替え服などが与えられたモモは、表情のない人形たちに寒々しさを感じるしかなかった。

この物語のテーマの一つは、「時間」というものに対する、灰色の男たちとモモたちとの間にある埋めようのない落差である。時間はけっして「お金に換算される」ものではなく、「何によっても代えることのできない」価値をもっている。(河合隼雄「人間にとって時間とはいったい何だろう」映画「ＭＯＭＯ　もも」パンフレット)。

その、かけがえのない「それぞれの時間」を、灰色の男たちから取り戻さなくてはならないと意を決したモモに、マイスター・ホラは諭した。——ほんとうにそうしたいのなら、待つこともできなくてはいけない。まずは、おまえの中でことばが熟さなくてはいけない。

そして、つづけた。——いいかね、地球が太陽をひとめぐりするあいだ、土の中で眠って芽をだす日を待っている種のように、待つことだ。ことばがおまえの中で熟しきるまでには、それくらい長いときが必要なのだよ。それだけ待てるかね！

「はい」とささやくように答えたモモは、30分先に起こることを予見して歩く亀（カシオペイア）の助けを借りながら、灰色の男たちをこの世から消えさせる行動をゆっくり起こしていった。

＊＊＊

エンデは「作者のみじかいあとがき」で、この物語は長旅の列車に乗りあわせた人が話してくれたものだと書き記す。そして、その人は「わたしはいまの話を、過去に起こったことのように話しましたね。でもそれを将来起こることとしてお話してもよかったんですよ。わたしにとっては、どちらでもそう大きなちがいはありません」と語ったとも伝える。

『モモ』が出版されたのは１９７３年であるから、それから50年の年月が経った。翻訳に携わった大島かおりさんは「訳者のあとがき」で次のように述べる。

――こうして人びとは時間をうばわれることによって、ほんとうの意味での「生きること」をうばわれ、心の中はまずしくなり、荒廃してゆきます。それとともに、見せかけの能率のよさと繁栄とはうらはらに、都会の光景は砂漠と化してゆきます。――

令和のこの時代、私たちは見た目の豊かさに浸かって、ますます心貧しく生きるようになってはいないだろうか。ドラマ『35歳の少女』は、25年間眠りつづけて目を覚ました望美という少女をとおして、「灰色の男の手中に握られつつある現代社会の空恐ろしさ」に目をひらかせる。

人間に「心」があるのは何のためか。それは時間を感じとるためである。「心」が時間を感じとれないようでは、その時間はないに等しい。マイスター・ホラは、私たちにそのように教えた。

〈２０２０年１月初稿〉

星の王子さま

――ウワバミはペロリと飲み込んだのか、呑み込んだのか？

「『現場としての授業』をつくるために力をみがきあう会」は、例会を月１回催している。練磨したい授業力は、予期せぬ「現場」を構想する力であり、立ち遭わされたその「現場」をくぐり抜けさせて、「知」を研ぎ澄ます授業を展開していく力である。

昨年秋の例会で取り上げた教材は、渋谷裕子さんの次の短歌（ＮＨＫ第23回全国短歌大会・大会大賞／２０２２年3月）である。

> ふうっと息を吐くたぶん相手は息呑むところ

作者（私）はどういう人で、「たぶん相手は息呑む」と述べるのはどういう人だろうか。「あいつ」とか「あの子」とか「○○さん」とは言わないで、「相手」と言っている。親しみをそれほど感じていないからなのか、親しくしていたけれども今は距離を置くようになっているからなのか。そして、「相手」とは特定の人か、それとも不特定多数の人たちを指しているのか――。

参加者からは、【手紙を差し出すことがある友人に・作家が多くの読者に・恋人がつき合っていた彼氏に・妻が離縁の意向を伝える手紙を夫に・教師が「学級便り」で問題性を感じている子どもの親に】といった発言があった。「そういうこともあるかも……」とうなずいたりして、授業が動き出した。

＊＊＊

思うところをここまで書き綴ってきた作者は、句点を打って次の行に移るのではなく、1行空けて次へと書き進めた。そのとき「ふうっと息を吐いた」のだが、読み手はここで「たぶん息を呑む」ことになるだろうと推し量った。

この短歌で授業を行うとき、どのように「現場」をつくったらいいか。その切り口は「息を吐く」と「息呑む」という言葉の対置にあると、私は考えた。以下では、授業の流れからは少し離れて、「息呑む」という表記に的を絞って書き進める。

私たちは「息呑むところ」と書く場合、「呑」という漢字は常用漢字ではないので、「飲む」と書くか「のむ」と平仮名書きすることになる。しかし、「呑」というこの漢字は、今も生活の中にしっかり活きている。

国語辞典をひもとくと、「呑気・剣呑・呑（水呑）百姓」があって、「丸呑み・鵜呑み・湯呑」もある。辞典の挙げる文例「要求を呑む・雰囲気に呑まれる・清濁併せ呑む」では、「呑む」の方が「飲む」よりも先に掲げられている。「息を呑む」もその一例である。

『明鏡国語辞典』（大修館書店）を見ると、「息を呑む」が「息」の項目で挙げられていて、「驚きや恐れのために一瞬息を止める」と語釈が記されている。また、「のむ【飲む（▼呑む）】」の項目には、次のような補記がある。

「呑」は丸のみにする。ぐいぐいのむ意で、「丸薬を呑む」「大酒を呑む」「蛇［波］が蛙［舟］を呑む」「短刀を呑む」「敵を呑む」「条件を呑む」「息を呑む」などと好まれる。一般には「飲」でまかなうが、まかないがたいとしてかな書きにすることも多い。

確かに、「呑む」には、飲み物や食べ物をふつうに口から送り込んだり、薬や酒をちびりちびりと口にしたりする「飲む」とは違う〝のみっぷり〟がある。「鵜呑みにする」という言葉は、鵜が口を大きく空けて魚を噛まずに呑み込む行為から生まれていて、「物事の内容を十分に考えずに、そのまま受け入れること」（明鏡国語辞典）を意味する。

＊＊＊

サン＝テグジュペリの『星の王子さま』（内藤濯訳・岩波書店）は、私の子ども観や人間観を大きく変えることになった。「子どもだったころのレオン・ウェルト」に宛てられた冒頭の献辞「おとなは、だれも、はじめは子どもだった。（しかし、そのことを忘れずにいるおとなは、いくらもいない。）」は、私に宛てられたものでもあった。

物語の1ページにある「ウワバミがクマをのみこもうとしている絵」、そして、原始林で起きていることを知ったぼくが描き上げた「ウワバミがゾウをこなしている絵」はあまりにも衝撃的で、私は息を呑んだ。

渋谷さんの短歌で「息呑む」という表現に接して教材を解釈しているとき、私には『星の王子さま』のこの2つの絵が思い浮かんだ。「呑む」という「のみ方」は、まさしくウワバミのこの「のみ方」を指すと思ったからである。

そう考えると、これまで気に留めずにきた『星の王子さま』の、この部分の「のむ」の表記が気になった。内藤濯訳のページを開くと、内藤さんは次のように表記していた。

> ウワバミというものは、そのえじきをかまずに、まるごと、ペロリと**のみこむ**。すると、もう動けなくなって、半年のあいだ、ねむっているが、そのあいだに、**のみこんだ**けものが、腹のなかでこなれるのである。

「のみこむ」は、平仮名書きであった。「動く・半年・腹」にフリガナがふられていることから考えると、子どもたちには「呑む」という漢字を用いるのは控えようと考えたのかもしれない。しかし、どう考えても、クマをぐるぐる巻きにして丸ごとペロリと口に入れようとしている絵や、大きな1頭のゾウをのみこんでしまっているウワバミの絵は、「呑む」という行為そのものとしか思えない。

『Le Petit Prince』の翻訳著作権は2005年1月に消失して、今では20冊を超える新訳書が出版されている。書名はほとんどが『星の王子さま』であるが、『小さな王子さま』や『小さな星の王子さま』などもある。

「のむ」の表記が気になった私は、手元のすべてに当たってみた。すると、内藤濯さんと同じく「のみこむ・のみ込む」と平仮名書きする訳書が11冊、「飲みこむ・飲み込む」と訳するのが3冊で、「呑み込む・呑みこむ」と訳するのは10冊あった。以下に5例を挙げる

○池澤夏樹訳『星の王子さま』（集英社）↓6歳の時、原始林のことを書いた『ほんとうの物語』という本の中で、ぼくはすばらしい絵に出会った。それはボアという大きなヘビが動物を**呑（の）み込もう**としているところの絵だった。（中略）本にはこう書いてあった。――「ボアは獲物をぜんぶ嚙まずに**丸呑み**にする。そのあとは動けなくなって、消化が済むまで6か月の間ずっと眠っている」。

○倉橋由美子訳『新訳　星の王子さま』（白泉社）↓その本には、「大蛇は獲物を嚙まずに**丸呑み**にし、その後は動けなくなって、半年の間眠っている。その間に**呑みこんだ**獲物が消化される」と書いてあった。

○河野万里子訳『星の王子さま』（新潮文庫）↓本には説明もあった。〈ボアはえものをか

まずに、まるごと**飲みこみ**ます。すると自分も、もう動けなくなり、六か月のあいだ眠って、えものを消化していきます〉

○小島俊明訳『Le Petit Prince　新訳　星の王子さま』（中央公論新社）→その本にはこう書いてありました。「ウワバミは、獲物を嚙まずにまるごと**飲みこむ**。すると、もう動けなくなって、半年のあいだ眠りながら、**飲みこんだ**獣を消化するのである」

○三田誠広『星の王子さま』（講談社青い鳥文庫）→『ほんとの話』という題のその本には、ボアという巨大なヘビが、けものを、いままさに**のみこもう**としている絵が出ていた。（中略）「巨大なヘビはえものをかみくだくこともなく、つるんとまるごと**のみこんで**しまう。そのあとは身動きできなくなって、消化されるまで、半年間、ひたすら眠りつづける。」

＊＊＊

渋谷裕子さんの短歌に戻る。文章を書き綴ってきた作者は、1行空けて次へと書き進めることにした。それは、どのような思いからなのだろうか——。「ふうっと息を吐いた」このときの心境と、この行間は読み手が「たぶん息呑む」ところとなるだろうと推察する作者の想いが気にかかる。

作者はこの行間で一呼吸して、それから筆を運ぼうと思ったからだろうか。それとも、読み手にはこの行間で呼吸を整えて次へと読み進めてほしいと願ってのことであろうか。

一行空けることで述べたいことをじっくりと考えたいし、読み手にもここに「行間」があるという重みを感じてほしい。文字の書かれていない「行間」に目を落として、互いに〝読み〟を深める時間をつくりたいからではないか――。こういう発言もあって例会は終わった。

〈2023年5月初稿〉

大人になっても「虫とり少年」として生きる

夏草の茂みを駆けて少年は昆虫になっていた／身体はウスバカゲロウのように透き通り／目はトンボのようにぐるりと見渡せ／足はバッタのように軽く／両手はアゲハのように輝いた

合唱曲「昆虫になった少年」（詩・橋爪文　曲・安達弘潮）は、このように歌い出す。そして、夏草の茂みを駆けゆく少年が「昆虫」になっていくさまを、次のように歌い綴る。

透き通った身体は風になり空の碧になり／世界を見渡して大地と宇宙を思いのまま飛んだ／何という自由何という歓び／昨日までの束縛もなく草原も無限だ／夏草の茂みを駆けて少年はひたすら昆虫になって行った／憧れの太陽に向って真っ直ぐに翔いて行った

少年時代、虫とりに興じて過ごすと、大人になっても「あの日」というか「その日」を、折にふれて呼び覚まして人生を送っていく。80歳を過ぎた養老孟司さん（解剖学者）は「人生で本気になれるのは虫だけ」と言い切り、今でも夏休みになると、子どもたちと昆虫採集教室を楽しむ。一緒に山を歩いていて、昆虫に無関心な人たちが「ゾウムシやコガネムシの種さえ区別せず十把一からげに『虫』と言っている」のを聞くと、「なんて乱暴な人たちだろう」と嘆く（宮沢輝夫編著『大人になった虫とり少年』朝日出版社）。

泉麻人さん（コラムニスト）が虫と長くつきあってきて感服するのは、その「立ち居振舞いの見事さ」である。「脇の方からフワッと出て、いつの間にかそのままいなくなっている。その登場の仕方」は何とも言えず、「舞台の呼吸」を心得ているかのようである。身にまとう衣装の「デザインは多様でキリがなく、想像を絶するようなものまで」あって、「最高におもしろい」と悦に入る（柏原精一『昆虫少年記』朝日新聞社）。

福井謙一さん（ノーベル化学賞受賞者）は、奈良の押熊に生まれた。東と西から山が迫っていて、雑木林が広がってため池があちこちにあったので、昆虫はもちろんのこと、植物や小動物などにも興味をもって育った。鉱物や星にも熱中した。大阪に引っ越したが、春休みや夏休みになると「早く押熊に行きたくて行きたくて、宿題をさっさと片づけては飛んで行った」という（前掲『昆虫少年記』）。

＊＊＊

佐高信さんに「アフガンを歩く日本国憲法」と称された中村哲さんも、昆虫少年であった。「もし昆虫に興味がなければ『アフガニスタン』と無縁であったろう」と述べるほどである

(『天、共に在り　アフガニスタン三十年の闘い』NHK出版)。

　モンシロチョウの原産地はパミール高原だと言われ、山岳高地には氷河期の遺物とされるパルナシウス（アポロチョウ）が生息する。アフガニスタンは昆虫好きにとってあこがれの〝聖地〟であって、中村さんは着任する6年前、モンシロチョウの原産地を「この目で見てみたい」と願って、ヒンズークッシュ遠征隊員の一員としてアフガニスタンに足を踏み入れていた。

　中村さんが虫にはまることになったのは、小学3年のときである。友達の標本箱で目にしたハンミョウが「キラキラと宝石のような姿」をしていて、その虫が近くの山でも捕れると聞いて心が躍った。初めて捕らえてつまんだとき、ひどくかまれて血がにじみ出た。においを嗅いでみると、「新品の鉛筆を削った時のような、なんとも良い香り」がして、ハンミョウはお気に入りとなった。

　日曜日になると5時に起きて握り飯弁当を自分で作り、水筒にお茶を入れて虫とりに出かける。竹と針金とレースのカーテンで作ったそのときの捕虫網は、何度か修復しながら四半世紀も使いつづけることになった（前掲『大人になった虫とり少年』)。

　中村さんは、アフガニスタンの奥地に偵察診療に出向いた時のことを忘れずにいる。足元のがれきが崩れて滑り落ち、灌木に引っかかって九死に一生を得た時の出来事である。ふと灌木に目をやると、羽化したばかりの、「前翅が鮮やかな空色で黒い縁取り」のあるアゲハチョウの珍種がとまっていた。

「おーい、紙を落とせ」と言って三角紙を作り、優しくチョウを包んでポケットに入れて崖上に戻った中村さんは、心配そうに迎えたスタッフに「ちょっと、途中で愉しいことがあった」と話した。

「昆虫はわたしの人生にとってほんとうに重要なんですよ」「昆虫のあの魅力を知らない人にとってはね、これほどの執着は理解できないでしょうけど」「アフガンの農村の人々と苦楽を共にし、人為に信を置かなくなった分だけ、恵まれた二十五年間だったと思っている」——こう述べて、アフガニスタンに骨をうずめる覚悟できた中村哲さんは銃で撃たれて他界した。

＊＊＊

小さいころ昆虫少年だった私は、今、息子とこのように昆虫を捕る時間を一緒に持てることがうれしくてたまりません。子ども以上に私自身がわくわくしていたのかもしれません。——このように書き綴るのは露木和男さんである（『フィールドサイエンスのすすめ』早稲田大学出版会）。

主に理科の授業実践を切り拓いてきた露木さんが、その根幹に据えてきたのは教授学研究の会での斎藤喜博の教えと、レイチェル・カーソンの『センス・オブ・ワンダー』（新潮社）である。

レイチェルは語る。——子どもたちの世界は、いつも生き生きとして新鮮で美しく、驚きと感激にみちあふれています。残念なことに、わたしたちの多くは大人になるまでに澄みきった洞察力や、美しいもの、畏敬すべきものへの直観力をにぶらせ、あるときはまったく失ってしまいます。

そして、レイチェルは「あなたの目、耳、鼻、指先のつかいかたをもう一度学び直」しませんかと呼びかける。「子どもといっしょに自然を探検する」ということは、「まわりにあるすべてのものに対するあなた自身の感受性にみがきをかけ」て、「しばらくつかっていなかった感覚の回路をひらく」ことになっていくからである。

露木さんは、『「やさしさ」の教育　センス・オブ・ワンダーを子どもたちに』（東洋館出版社）を出版した。「人間の成長」というのは、「見えないものが見える」ように変わることであって、「子どもが学ぶ」というのは「目に見える現象の奥に潜むものを見ようとすること」なのかもしれない。「そのプロセス」こそが「子どもの成長」だと述べる。

そして、「究極の目に見えないもの」が「人間の心」であるならば、私たちが「学ぶ」ということは「理解する」とか「わかる」ということよりも、「感じる」とか「共感する」ことに近いのではないかと指摘する。

露木さんから送られてくるメール「毎日の理科、その思想」は、四季の移ろいに無頓着な私に、この世に生を享けて楽しんでいる虫たちなどの近況が写真を添えて知らされ、目が覚まされる。

ある日のメールは「ゼフィルス見参！」で、次のように書き出す。――「このチョウをみたい」という思いでその場所に行っても、その思いはなかなか叶えられないことが多いのが常です。相手は自然、生きているチョウであればほんのわずかなタイミングのズレでその通りにはならないのです。

「ゼフィルス」と言われてもイメージが湧かない私は、ネットで調べてみた。語源はギリシャ神話の西風の神「ゼピュロス」で、「そよ風の精」と呼ばれて年に一回、梅雨のころに現れるだけだという。日本にはミドリシジミなどの25種が樹木の枝の先などを棲み処にしていて、虫とりの関心度は高い。

露木さんもその一人で、中学生のころから「ゼフィルス」に憧れるようになり、生まれ故郷の九州でも教師として赴任した神奈川でも、また訪れる全国の各地でも目にする機会があった。「大げさではなく心臓の鼓動がはやくなるほどのときめき」を感じる出遭いで、いつかカメラに収めたいと願ってきた。

6月のある日、「この数日が勝負。この数日を逃せば、もう来年になってしまう」と言いきかせて足をのばした地で、ついにその望みを叶えることができた。クリの花を軽くたたくと、ハナムグリやテングチョウが飛び出してきて、アカシジミも驚いて飛び立ち近くの葉に止まった。

その時の「ゼフィルス」との出遭いについて露木さんは綴る。——そうっとカメラを近づけてシャッターを押します。ファインダーに映ったアカシジミは、まるでこちらを意識しているかのような表情をします。いつ飛び立つかそのタイミングをねらっているようです。尾状突起がちらちらと動きます。こちらが頭よ、これは触角よ、とサインを送っているようです。尾状突起から食べようとする鳥を交わすためにこれは発達したと考えられているのです。——

ようやくのことで撮影できたアカシジミの姿の画像がメールに添えられていて、翅をしぼめて静かに息をしていた。

＊＊＊

小学校教師時代をふりかえった露木さんは、授業をしていて「子どもの心が生き生きと脈打っているなと感じることがよくあった」と述べる。それは「子ども本然としての『いのち』が輝いていると思う瞬間」で、何かに夢中になっているとき、対象を一心に見つめているとき、仲間のことを一生懸命考えているとき、そして、仲間で力を合わせて何かをやり遂げようとしているときなどの、まぶしさを感じる瞬時であった（前掲『「やさしさ」の教育』）。

露木さんが毎日のように送ってくれる虫たちと出遭った瞬間（アカシジミとの出遭ったその瞬間も）は、授業の中で露木さんが〝心のシャッター〟に収めた「子どもの本然としての『いのち』」の、その輝きの「一瞬」につながっているにちがいない。

〈２０２０年６月初稿〉

中村哲

——アフガンを歩いた「日本国憲法」

井戸を掘る（比喩であり比喩でなく）アフガニスタンに中村医師死す　大浦　健
薬では飢えや渇きは治せぬと水路作った中村医師逝く　小野瀬寿
アフガンの大地に水を引いた日の中村医師の輝く笑顔　瀧上裕幸
質問にはぐらかさずに答えてた中村哲の人柄偲ぶ　宮川一樹

中村哲さんが、２０１９年12月9日、車で移動中に何者かに銃撃されて逝去した。その後10日あまりに朝日歌壇に投稿された挽歌は、１６０首を超えたという。冒頭の4首は、12月29日に掲載された挽歌15首のうちの4首である。

中村さんの成した遺業とその毅然とした精神を31文字で詠う短歌は、言葉を弄して記述する論説などより深く心に留まる。

＊　＊　＊

九州大学医学部を卒業していくつかの診療所を移って医療活動をしていた中村さんに、日本キリスト教海外医療協力会から声がかかった（１９８４年）。パキスタンのペシャワールの病院で、ハンセン病患者の治療にあたってほしいとの要請である。

ペシャワールは北西辺境州に位置して、アフガニスタンとの国境添いにある。同国では79年にクーデターが起こり、ソ連軍の侵攻によってアフガン戦争が勃発していた。村落は次々と爆撃にさらされ、推定200万人が命を落とし、600万人がパキスタン等へ難民として逃れてきていた。このような状況下の着任で、難民キャンプ場の巡回診療が重要な医療活動に加えられた。

91年になると湾岸戦争が勃発して、アフガニスタンはほぼ全土がタリバン政権下に入った。経済制裁を発動したアメリカとの敵対関係はエスカレートの一途をたどり、2001年9月11日の同時多発テロへと突き進んでいく。治安状況の悪化に大旱魃が追い打ちをかけ、大地は干上がって1200万人が被害を受けた。WHOは400万人が飢餓に直面し、100万人が餓死寸前の状態にあると報告した(00年6月)。

誰も行きたがらない所に行き、誰もやりたがらないことをする――これが、中村さんの指揮するペルシャワール会の医療方針である。この方針によって山間辺境の無医地区に出向いてハンセン病の根絶に努めていたのだが、赤痢が大旱魃によって蔓延した。我慢しきれずに泥水を飲んだ幼子が命を失うのを目の当たりにすると、今なすべきことの第一は「飲料水の確保」だと、中村さんは認識した。

医者を100人連れてくるより、水路1本作ったほうがいい。――農民たちと1600本の井戸を掘り、灌漑工事に心血を注ぐ中村さんがこうして誕生した。03年に着工したクナール川からガンベリ砂漠までの用水路（全長25キロ超）は、10年に完成した。

『天、共に在り　アフガニスタン三十年の闘い』（ＮＨＫ出版）などには、砂漠化した大地と、その地に緑がよみがえって小麦畑となったカラー写真が何枚も載っている。中村さんは次のように感慨を書き記す。

——今ガンベリ砂漠の森は静寂が支配している。樹間をくぐる心地よい風がそよぎ、小鳥がさえずり、遠くでカエルの合唱が聞こえる。高さ10メートルに及ぶ紅柳が緑陰を作り、過酷な熱風と砂嵐を和らげ、生命の営みを広げる。

里に目を向ければ、豊かな田園が広がり、みな農作業で忙しい。用水路流域はすでに15万人が帰農し、生活は安定に向かっていた。それは座して得られるものではない。生き延びようとする健全な意欲と、良心的協力が結び合い、凄まじい努力によって結実したからだ（前掲『天、共に在り　アフガニスタン三十年の闘い』）。

村人は「小川に生息するアメンボウや小魚、ドジョウなどを眺めては喜び」、「歓待を無邪気に楽しんで」いて、「ほんの数か月前、この地が戦場となったという実感を起こさせるものは殆どなかった」とも書き記す（『医者井戸を掘る』石風社）。

＊　＊　＊

国際協力の必要性は誰もが唱える御題目だが、中村さんにとってそれは「一方的に何かをしてあげる」ことではない。〝trusting each other〟の精神（ＡＰ通信２０１５）で現地の人びとと「ともに生き」、そのことをとおして「人間と自らをも問う」。それが「国際協力」に値するいとなみなのであった。（『アフガニスタンの診療所から』ちくま文庫）。

中村さんは日本に帰国すると、各地の水利施設を見てまわった。訪れるのは近代的な工法を駆使した施設ではなくて、アフガニスタンの人たちが自分たちの手で補修して、維持・管理できる伝統的な工法でできている施設である。

車窓から田んぼや川が目に入ると、以前は「漫然と見ていた田園の光景」を、食い入るように見つめて考えるようになった。「人は見ようとするものしか見えない」（前掲『天、共に在りアフガニスタン三十年の闘い』）。ちなみに、アフガンの大地に活かされた灌漑の工法は、例えば筑後川の山田堰や武田信玄の床几分けで、自然と折り合おうとする知恵から生み出されて、今でも人びとの生活を支えている。

こうした中村哲さんの生き方を、佐高信さんは「アフガンを歩く日本国憲法」と呼ぶ（『この人たちの日本国憲法——宮澤喜一から吉永小百合まで』光文社）。医療活動はもとより井戸を掘って用水路を拓く中村さんたちに、政府側も反政府側もタリバンも手を出さない。それどころか「むしろ守ってくれて」いた。

それは日本という国には憲法第９条があって、「海外ではこれまでも絶対に銃を撃たない」。それが「日本の本当の強み」だと分かっているからである（マガジン９「この人に聞きたい

『中村哲に聞いた』」)。

誰もが知るように、日本国憲法は第2章「戦争の放棄」の第9条で「日本国民は、正義と秩序を基調とする国際平和を誠実に希求し、国権の発動たる戦争と、武力による威嚇又は武力の行使は、国際紛争を解決する手段としては、永久にこれを放棄する」と謳う。

衆議院の「国際テロリズムの防止及び国の協力支援活動等に関する特別委員会」は、中村哲さんを参考人として招いた(01年10月)。国際テロの防止を目途に自衛隊の海外派遣を決める委員会である。

中村さんは自身がアフガニスタンで日々行ってきていることを語り、自衛隊の派遣は無益で飢餓状態の解消こそが喫緊の課題であると述べた。この発言に議場は騒然となり、司会を務める代議士は発言の取り消しを求めたという。

中村さんは沈着さを失うことなく、議員たちに次のように述べた(衆議院第153回会議録)。

——本当に人の気持ちを変えるというのは、決して、武力ではない。私たちの医者の世界でいえば、外科手術というのは最後の手段であって、やはりそのための手を打つ。(中略)今せっかく築き上げられている中東諸国、それから特にアフガニスタン、パキスタンの対日感情を温存すること、これは、日本国民を守るという観点から非常に重要なことではないかというふうに思う次第でございます。——

＊　＊　＊

〈クローズアップ現代〉は「中村哲　貫いた志」を放映した（NHK　19年12月10日）。ともに4年間活動してきた蓮岡修さんは、次のように述べる。

――中村先生が現地の人たちに対して威張った姿を見たことがない。自分たちの活動を誇らしげに語った姿を見たことがない。常に現地の人たちに敬意を払って、またワーカーだけではなく、家族の人たちにも心を砕いて、計画を立てられて作業を進められていたなと、そういうことをすごく思い出します。――

水を飲むときに、井戸を掘った人を忘れてはならない。――これは中国の教えであるが、アフガニスタンの何百万の人たちは、水を飲むたびに中村さんを思い出すことになるだろう。中村さんは、田畑が潤され飲み水に恵まれて笑みを浮かべた人たちのことを忘れることはなかったにちがいない。

福岡市の斎場で営まれた告別式（12月11日）には、駐日アフガニスタン大使をはじめとする1300人が参列した。長男の健さんは親族代表として祭壇に立ち、次のように挨拶を始めた。

――最初に申し上げたいのは、父を守るために亡くなられたアフガニスタンの運転手の方や警備の方、そして残されたご家族・ご親戚の方々への追悼の思いです。申し訳ない気持ちでいっぱいです。悔やんでも悔やみきれません。父もこの場にいたら、きっとそのように思っているはずです。――

そして、健さんは父から学んだことを3つ挙げた。それは第一に「家族はもちろん人の思いを大切にすること、第二に「物事において本当に必要なことを見極めること」、そして第三に「必要なことは一生懸命行うこと」である。「父から学んだことは、行動で示したいと思います」と付け加えて挨拶は閉じられ、アフガニスタンの国旗が掛けられた「ひつぎ」の出棺となった。

朝日歌壇（2020年1月5日）の掲げる次の一首で、この拙文を閉じる。

共に撃たれしアフガンびとを悼みたる家族の声のとうとかりけり　　中原千絵子

〈2020年3月初稿〉

五嶋みどり

——音楽をシェアして楽しむヴァイオリニスト

五嶋みどりさんが「14歳の少女、タングルウッドを3本のヴァイオリンで征服」の見出しで、ニューヨーク・タイムズの第1面に掲載されたのは1986年7月27日である。

前日の土曜、バーンスタイン指揮のボストン交響楽団の演奏会が、マサチューセッツ州タングルウッドの野外音楽堂で催された。蒸し暑くどんよりと曇った夕刻であったので、楽団員はジャケットなしで臨んだ。

みどりは、バーンスタイン自身が作曲した「ヴァイオリンと弦楽オーケストラのためのセレナーデ」（5楽章）の、ソリストとして舞台に上がった。演奏が最終章に入ってしばらく経った時である、みどりは後ろを向いてコンサートマスターに近づき、肩をポンポンと叩いた。4弦の中で最も細いE線が切れてしまい、ヴァイオリンの交換を求めたのだ。

3秒ほどでストラディバリウスを譲り受けたみどりは、「まるでなにごともなかったように平然と」演奏をつづけた。ところが、5分も経たないところで、またE線が切れた。弦が2度も切れることは滅多にない。蒸し暑さによる湿気とステージのライトや1万5000人の聴衆の熱気が、弦に微妙な変化を起こさせたにちがいない。

マスターのヴァイオリン（副マスターに借りて弾いていたガダニーニ）を再び譲り受けたみどりは、演奏を途切れさせることなく弾き通した。その沈着冷静な態度と演奏の見事さを称えて、楽団員はもちろんのこと全聴衆が拍手喝采した。バーンスタインはみどりを抱きしめて、キスを贈った（奥田昭則『母と神童』小学館）。

みどりは「何も考えず、ただ演奏をつづけようと思うだけであった」とふりかえり、「ひとつのコンサートで3つの素晴らしい名器を奏けるなんて、最高の幸せよ」と母に語った（五嶋節『雨の歌』ワニブックス）。

この演奏は、3年後、「タングルウッドの奇跡」というタイトルで、アメリカの小学校の教科書「オン・ザ・ホライズン」に7ページにわたって掲載され、子どもたちに語りつづけられることになった。後年、日本の高校でも英語の教科書2社（増進堂と開隆堂）に掲載された。YouTube はこの時の動画を今も配信していて、世界の数多くの人たちが視聴している。

＊＊＊

世界各地の公演で年１００回も演奏をこなす五嶋みどりは、社会貢献活動を精力的に行っている。20歳のときに（92年5月）、「みどり教育財団（Midori & Friends）」を設立して、アメリカの小中学校、病院、障害児施設でレクチャーコンサートを開いたことがその先駆けである。

２００２年にはＮＰＯ法人「ミュージック・シェアリング」を東京で立ち上げ、日本のみならず世界各地の子どもたちや高齢者、障害や病気をかかえる人たちなどに演奏を届けて心を潤し、音楽の喜びをシェアしてきている。07年には国連のピース・メッセンジャーに任命された。国連広報センターのホームページには、インドネシアのスマトラ島メダンの学校の寄宿舎で、イスラム習俗の子どもたちの中に座って、ヴァイオリンを奏でるみどりの写真が載せられている。

「ピース」とは〝acceptance〟(受け止める)ことで、それは「自分自身に素直になり、自分を〝accept〟(受け止める)こと」、そうすることで「心が豊かになり」、「もっと大きな意味での平和ということ」が考えられるのではないかと、みどりは述べる。

14年10月、知的障害や身体障害をもつ特別支援学校3校の中高生たちと共演する舞台を、サントリーホールで企画した。NHK「プロフェッショナル仕事の流儀」は、公演に至るまでの半年間をドキュメントした(14年11月3日)。クラシック演奏の殿堂と言ってもいいこの大ホールでの〝この企画〟を知ったある音楽評論家は、みどりに問い質した。「クラシック音楽のファンの中には、演奏のクオリティーを絶対視している人も多いと思いますが、五嶋さん自身は、今回の企画の意義をどのようにお考えなのでしょうか。」

みどりは相手の目を真っすぐ見つめて答えた。――「音楽ってどういうものだろう」ということを考える機会になるのではないかと思うのです。人それぞれちがうこたえがあるかもしれない。これは、いろいろな音楽に対するアイデアの提示です。「本当の音楽とは何か」ということへの、いろいろなこたえがでてくる機会につながったらいいな、と思っています。――

公演の2か月ほど前に筑波大学附属桐が丘特別支援学校を訪れると、手足の不自由な生徒たちの演奏はリズムも音もばらばらで、30秒もすると頓挫して、先生方は途方に暮れていた。じっと聴いていたみどりは、「その切れ切れの心細い演奏」の中にある「とても素直で純粋な音」を耳に留めた。

「この子たちの演奏は、ここからどこへ行けるのかしら」と思って演奏に加わると、生徒たちの音はみどりのリードに導かれて定まりをみせ、少しずつ曲の姿を見せて、「生徒たちの音がひきだされはじめた」。

――笑顔です。自然に元気な声もでてきます。指が自由に動かない手でたたく太鼓、車いすのままで弾く木琴……。音はかんたんにはだせません。でも、その音には喜びがあふれていました。そこに、音楽が生まれていたのです。(「楽しみも苦しみも、すべて音になる」『表現するプロフェッショナル』NHK「プロフェッショナル」制作班編・ポプラ社)

＊　＊　＊

みどりと数多くの共演をしてきたクリストフ・エッシェンバッハ（北ドイツ放送響主席指揮者等）は、「この世の中にはただただ〝与える〟ことにのみに専念し、自らの魂を捧げる音楽家が存在するのだということを知りました」と述べる。そして、「人生に対する彼女の執拗なまでの学習意欲には大いに感化されたものです」と語る（『五嶋みどり　デビュー20周年／みどり教育財団設立10周年』有限会社シム）

同書を読むと、世界的ヴァイオリニスト五嶋みどりの〝人間としての巨きさ〟に息を呑む。「五嶋みどり　ロング・インタヴュー」（インタヴュアー林田直樹）で、「最近はどんな本を読んでいらっしゃいますか」と聞かれた。少し長い引用となるが、以下を読まれたい。

――昨日はショスタコーヴィチのゲネプロと本番の間に古本屋に行って、児童書を主に選びました。遠藤周作全集、ツヴァイク全集など段ボール箱2箱分買いました。今読んでいるのは、ホー・チ・ミンの伝記です。

「どうしてホー・チ・ミンに?」

――ベトナムに大変興味があるからです。ベトナム戦争の前の歴史を知りたかったのです。以前、建築家のカラトラーヴァとの対談があったので、2冊くらい読んだかな。安藤忠雄の本も素晴らしかった。あと立ち読みでコロンビアの次期大統領の女性の政治家の本。

「ポリティカルなものも?　どういうところにアンテナが反応するんですか」

――ともかく人間としての興味があるってことです。南アフリカのマンデラも好きですね。近頃はノンフィクションに近づいていますよ。キューバにも興味があります。ものによっては立ち読みですよ。イサムノグチもいいですね。彼のホームページで紹介されていますよ。画集を観るのも好きでどっさり持っています。高山辰雄コレクションもありますし、横山大観も本当は本物を見たいのですが、時間のないときは画集で楽しみます。

「洋画でお好きなのは?」

――いろいろありますけど、昔から好きなのはゴヤ、ゴッホ、ムンクですね。

「ゴヤはどうしてですか。」

――絵に力がありますね。動きがあるし、一瞬の出来事がとらえられている。花でも、ずーとおいてある花じゃなくて、置いてある花の一瞬、の絵が、絵のことは好き嫌いで終わっちゃう趣味だから、なんとも言えませんけど。

「絵といえば、漫画も小さいころは読まれたんですか。

――手塚治虫は大好きでした。「火の鳥」とか、いろいろ読みました。

ロング・インタヴューの引用はこれで終えるが、同書には、林原自然科学博物館館長で古生代のフズリナ化石研究の世界的権威である石井健一さんと、4か月もやりとりした往復書簡が20ページにわたって掲載されている。

前掲の国連のホームページで、みどりは「音楽がもたらす子どもたちへの良い影響」について聞かれ、「音楽だけをやっていても必ずしも人間性の向上には繋がらないと思います」と述べる。そして、「自分の視点に固執しないこと、自分を一つの枠組みの中だけで捉えずに、色々なことに興味を持ち、挑戦し、視野を広げていくこと」が大切だと語る。ミュージック・シェアリングなどでの活動が「子どもたちが成長していく過程で、音楽を通じ、視野を広げる一助となれれば嬉しいです」。このように述べるみどりである。

＊　＊　＊

2012年、五嶋みどりはデビュー30周年を記念するツアーコンサートを企画した。青砂ケ浦天主堂・浦上天主堂・大宰府天満宮・京都西本願寺・長野善光寺本堂・日光東照宮客殿・平泉中尊寺本堂・函館カトリック元町教会、そして東京紀尾井ホールの9か所でのコンサートである。

長崎市内でヴァイオリン教室を開いている近藤孝子さんは、「今の時代、演奏家というのは自分の演奏する場所を、響きのいい所とか、外からの雑音の入らない所とか、条件の良い所を求めがちになります」と述べる。しかし、みどりが選んだのは教会・神社・寺院という〝祈りの地〟で、そこでバッハを演奏することであった。浦上天主堂でその演奏を堪能した近藤さんは、「どんな場所でも、自分のバッハの演奏をお客様に伝え、それが伝わったら……という思いがビンビンと伝わってきました」と語る。

ツアーの皮切りとなった青砂ケ浦天主堂が「五島列島の新上五島町」であったことに、私はみどりの想いを感じたい。奈摩湾を臨む国指定重要文化財のレンガ造りの教会で幕を開けて、日本列島を北へと向かうツアーコンサートであった。天主堂祭壇の絨毯に素足で立ち、ステンドグラスから射してくる光の中で奏でるみどりのヴァイオリンの音は、人びとの心に沁み入りながら離島の樹々へ、そして青砂ケ浦の浜辺へと伝っていった（BS朝日『五嶋みどりがバッハを弾いた夏・2012』）。

〈2021年6月初稿〉

「利己的な利他」を超える【利他】
――「うつわ」のようなイメージ

今から5年前（２０１８年）の8月12日であった。２歳の誕生日を翌日に迎える藤本理稀（よしき）くんは、両親たちと山口県周防大島の曾祖父宅に帰省していた。「海水浴に行こう」と祖父と兄（3歳）に誘われて海辺に向かったが、１００ｍほど歩くと「帰る」と言って、一人で家の方へと戻って行った。

海水浴を終えた祖父と兄が帰宅してみると、理稀くんは家のどこにも見当たらない。行方不明の知らせを受けた警察と消防は、延べ３５０人体制で13日、14日と至る所の捜索にあたった。しかし、手がかりは一向につかめていない。

タイムリミットは72時間、危機感の募る瀬戸内の小島に、全国の目が注がれる暑い夏となった。

＊＊＊

大分県国東市に住む尾畠春夫さん（79歳）は、13日の新聞でこのニュースを知った。14日の朝刊を開くと、「まだ行方不明」と書かれている。「これはいかん」と思い立ち、軽ワゴン車（東日本大震災のときには宮城県南三陸町まで何度も行き来した）に乗って、9時に周防大島へと発った。

13時過ぎに現地に着くと、警察に「大分からよし君を捜しに来たんですが、許可してもらえませんか」と願い出た。「そういう資格など、警察にはありません」と言われたので、よし君の家に行って父親に「お子さんを捜させていただきます。万が一、私が捜し当てたら、抱っこして、必ずじかにお渡ししますから」と伝えた。そして、高台へ上って周辺の地形を頭に入れて、軽ワゴン車に戻った。

翌朝3時半に寝袋から起きると、「よし、今日はよし君を目いっぱい捜すぞ」と心を決めた。大分で行方不明の幼児の捜索にあたった2年前、小さい子どもは山中に入ると、上へ上へと登っていく習性があると知った。そこで、「よーしくーん、よーしくーん」と右へ左へと大声をかけて、山道を登って行った。

30分ほど歩くと、右手の方から「ぼく、ここ」という声が聞こえる。「えっ」と思って10mほど降りて行くと、小さな沢の所に男の子がちょこんと足をそろえて座っている。

——近づいて「よし君？」と声をかけると「うん」とうなずきました。「よし君、飴食べる？」と聞いたら、すぐに「うん」と返事が返ってきた。ポケットから塩飴を出してやろうと思ったら、飴が入った袋を目がけて、すごい勢いで手を出してきた。獲物みたいに、飴をパッと取ったんですよ。すごかった。右手で。ものすごい速さだった。

袋を自分で開けようとしたんだけれど、小さい手だから握力がない。私が開けてやって、まず1個をよし君の口に入れた途端、ガリガリガリ、と噛み砕いたんですよ。その音を聞いたときに、「この子は生きる」との直観が確信に変わった（『尾畠春夫　魂の生き方』南々社・聞き手松下幸）。

尾畠さんに抱かれて家に戻ったよし君は、母親にぎゅっと抱き締められた。母親の顔は筋肉がガチガチになっていて、張り詰めて過ごしてきていたことが一目でわかった。ご家族と交わした約束が果たせたので帰りかかると、「風呂に入って、ごはん食べていって」と祖父に言われた。しかし、「私は飲食などの対価物品はいただきません」と固辞した。

スーパー・ボランティアと称されることになった尾畠春夫さんは、赤の〈繫ぎ〉に「大分県尾畠春夫　ボランティア　VOLUNTEER」と書いたゼッケンをつけ、「絆　一歩前へ　朝は必ず来る」と書き込んだ白ヘルメットをかぶって被災地に出かける。身元を知ってもらうと、安心されるからである。

尾畠さんは語る。――軽ワゴン車に食料や水、寝袋を積み込み、助ける側から一切、力を借りないことが信条です。自己完結するのが真のボランティアだと思います。常に『してやる』ではなくて、『させていただく』の気持ちで臨んでいます。

＊　＊　＊

若松英輔さんの『弱さのちから』（亜紀書房）で、フランシスコ教皇が２０２０年4月19日のミサで語った次の言葉を知った。

——わたしたちを今後ひどく襲う危険があるのは、無関心な利己主義というウイルスです。自分さえよければ生活は上向く、自分さえうまくいけばすべてそれでよい、という考えが広がることです。こうしたことから始まり、最後には、人を選別し、貧しい人を排除し、発展という名の祭壇の上で取り残された人々を犠牲にするに至ります。——

ローマ教皇のこの言葉は、新型コロナ感染拡大の状況を踏まえてはいる。しかし、「無関心な利己主義」の恐ろしさについては、13年に就任して以来ずっと語りつづけられたという。自分さえよければ、自分さえうまくいけばそれでいいという「周りを省みない自分本位の考え方」は、人から人へと感染する力が強い。うつされないように心がけなければならないと警告しつづける教皇である。

3度目の緊急事態宣言が東京等に発出されて、自重・自粛が求められるこんにち（21年夏）、若者ばかりでなく様ざまな要職者の中にも気ままに行動する人がいて、顰蹙《ひんしゅく》を買っている。やっかいなウイルス「無関心な利己主義」は、私たちにスキがあるとそっと忍び寄ってきている。

帯文に〈コロナ時代——。他者と共に生きる術とは?〉と謳う、『「利他」とは何か』（集英社新書）を読んだ。東京工業大学「未来の人類研究センター」の「利他プロジェクト」で共同研究する5名【伊藤亜紗（美学）・中島岳志（政治学）・若松俊輔（随筆・批評家）・國分功一郎（哲学）・磯崎憲一郎（小説家）】が、それぞれの専門を活かして「利他」と「利己」が孕む問題に迫る好著である。

利他主義が重要だと喧伝するだけでは不十分で、利他ということが持つ可能性だけでなく、負の側面や危うさも含めて考えなおすことが重要になってくるでしょう。――編者である伊藤亜紗さんにこのように指摘されて、私は気を引き締めて読んだ。

中島岳志さんが述べるように、誰かに厚意を示して接するとき「どこかで自分にかえってくるという期待」を抱いていることがある。「利他」と「利己」は反対語ではあるのだが、「このふたつは常に対立するものではなく、メビウスの輪のようにつながって」いる。「利他的な行為」には、「時に『いい人間だと思われたい』とか『社会的な評価を得たい』といった利己心」が含まれていて、「自己の善意の押しつけ」は「かえって相手を困らせてしまう」ことがある。

「利他」と「利己」が入り組んだ行為、「情けは人の為ならず」と思って、人に親切すればいつか巡り巡って自分のためになる。こういう「利己的な利他」を超えた【利他】の行為というのは、どうしたら実現しうるのだろうか。

伊藤さんは、【利他】というのは「『うつわ』のようなものではないか」とイメージする。計算づくでない【利他】は、「自分で立てた計画に固執せず、常に相手が入り込めるような余白を持って」なされていて、その「余白」は「自分が変わる可能性としての余白」にもなっている。まさに「さまざまな料理や品物をうけとめ、その可能性を引き出すうつわ」のようだという認識である。

若松さんは「民藝」に託した柳宗悦の想いに光を当てて、「私たちのなかにあるものは、他者の心にはたらきかけ、そして受け止められたとき、それまでに見えなかった『いのち』を開花させるのかもしれない」と述べる。「うつわ」としての【利他】の扉が開けられたときに目にする景観が、ここに語られている。

「利他は、手仕事のようなものです。それはいつも、けっして繰り返すことができない、ただ一度きりの出来事として生起します」とも若松さんが述べる。おいしく食してもらおうと心を込めて作った手料理、その料理をおいしそうにほおばる笑みに接すると、作り手の心は満たされる。【利他】の世界は、そのように「一度きり」の機会を活かして、互いの心が潤う行為のようだ。

＊　＊　＊

【利他】というのは、「人が行うのではなく、生まれるものであるといえるかもしれません」。若松さんのこの指摘にふれると、【利他】の世界というのは、思いも寄らない展開を生み出すドラマを、ひとり楽しむことなのかもしれない。

起業経営家の稲盛和夫さんと作家の瀬戸内寂聴さんが対談を重ねた（『利他　人は人のために生きる』小学館文庫）。二人とも仏門をくぐっていて、人生を歩む根底に、伝教大師最澄の唱えた「忘己利他《もうこりた》」が置かれている。「己を忘れて他を利するは、慈悲の極みなり」という

「山家学生式」の教えである。

瀬戸内さんは述べる。——期待しないでいて、ふっと気がついたら、ああ、何がどうしたんだろう、いつの間にかこんなにうまくいっているなと思うことがある。それはやっぱり、仏様や神様がいて、それで自分のことを見てくれているからなんですよ。——

天変地異で被災した地に赴く尾畠春夫さんは、「『してやる』ではなくて、『させていただく』の気持ち」で常に臨んでいる。60時間を超えて山中をさまよっていた藤本理稀くんを捜し出して手渡したとき、母親はぎゅっと抱きしめた。「ああいうときの人間の顔は、本当にいいねえ。あの顔を見られただけで私は幸せです」と語る（前掲書）。

〈2021年7月初稿〉

街角ピアノ
――都道府県の魅力度・幸福度を測る指標に

2022年の「都道府県の魅力度ランキング」がブランド総合研究所から発表され、注目が集まった。都道府県の魅力について「とても魅力的・やや魅力的・どちらでもない・あまり魅力的でない・全く魅力的でない」の5段階で尋ねるアンケート調査で、16年前（06年）から実施されている。

実際の人口縮図に近い、20代から70代の消費者3万4768人から得た有効回答をウエイトバック集計すると、第1位は14年連続で北海道であった。2位以下には、京都府・沖縄県・東京都・大阪府・神奈川県・福岡県・奈良県・長崎県がつづく。

最下位（47位）は茨城県で、佐賀県・埼玉県・群馬県がその上に位置づく。この調査結果にただちにかみついたのは、前年から4ランク落とされた群馬県の山本一太知事である。「根拠の乏しいデータで、県のイメージや観光にもマイナスを与える」と憤懣やるかたない思いを発露した。同県はランキング発表に先立って、前年の調査結果を詳細に検証した報告書（70ページ超）をホームページに掲載していた。

私にとって、群馬県の魅力度は高い。万座温泉につかって草津白根山の火口を巡ったし、伊香保温泉に宿泊して星野富弘美術館に向かい、大川美術館で松本竣介の絵に見入った。川崎市の中学校の社会科教師時代、歴史の授業で、相沢忠洋さんの『岩宿の発見』（講談社）を熱く語った。高津区の子母口貝塚近辺の畑地に生徒たちと土器拾いに出かけもした。

それよりもなによりも、群馬県は斎藤喜博先生の目を見張る教育実践が生まれた地で、武田常夫先生や大槻志津江先生などとも出会って、授業の世界に目をひらかせていただいた。群馬県の魅力度が下から4番目というランキングを、私も認めるわけにはいかない。

＊＊＊

この「魅力度ランキング」より格段に信頼度の高いランキングが存在する。それは、一般財団法人・日本総合研究所が２０１２年から1年置きに公開する「全47都道府県（20政令都市・48中核市）幸福度ランキング」（寺島実郎監修・東洋経済新報社）である。

同ランキングは5つの基本指標（人口増加率・一人あたり県民所得・国政選挙の投票率・食料自給率〈カロリーベース〉・財政健全度）を踏まえ、5分野（健康・文化・仕事・生活・教育）にわたって都道府県の状況を調査する。「社会の動向を反映するための指標」には「コロナ患者受入病床率」なども加えられていて、人びとが抱くであろう「幸福度」を多面多層から調査している。

今回（22年版・9月28日発行）取り上げられた指標は80項目にも及ぶ。ホームヘルパー数・障碍者雇用率・一般廃棄物リサイクル率・教員一人あたり児童生徒数・家事の男女負担率等々を比較検討するとともに、知事や市長等の自治体関係者などと活発な議論も行っていて周到である。

報告書は、「順位そのもの」には意味がないことを強調する。「その数字の裏に隠れた背景やそれぞれの地域の強み・弱みを理解」し、「目指すべきビジョン（地域の幸福）」を描き出して、「そのビジョンの達成に向けてアクションを起こす」。それが自治体の責務だと主張する。

この調査の「基本的な思想や姿勢」については、寺島実郎さんが『２０１２年版』の第1章で述べている。「人間にとって地域に生きる幸福とは何か」と題した格調のある文章で、『２０２２年版』も、「この分析レポートの原点であり、絶えず再確認しておきたい」と注記して再録する。

寺島さんは「誰にとっても、自分自身が生まれ育ったふるさとへの思いというのは特別で絶対的なものである」と書き出す。そして、石川啄木の「ふるさとの山に向かひて　言ふことなし　ふるさとの山はありがたきかな」や、室生犀星の「ふるさとは遠きにありて思ふもの」（小景異情）を引用しながら、ふるさとに寄せる私たちの想いに迫っていく。

――人が大人になるということは、自分が生まれ育った地域に対する深い愛着をもってふるさとが絶対的だと思う心情と、いろいろな社会体験の幅を広げ世界を見てものの見方が相対化され、それによってふるさとを客観視し相対的に見ることができるバランスでもある。

――

つまり、「本人の個人的な思い込みや虚偽意識」と言えるかもしれない「幸福」は、「本人の意識の中で組み立てられるもの」と、「遠くに願望をかけて見つめる目線」によって相対的に構築される。「目指す対象の高さとの相関」にある「幸福」感と言えよう。

前掲の5つの「基本指標」について言えば、「行政力の強い地域」に高い評価が下されることはまちがいない。しかし、住民の生活にかかわる「経済基盤や文化活動」などの指標で高い評価を得ることができないと、総合ランキングでは上位に位置づけない。そのことは、1位福井県・2位石川県・4位富山県・5位長野県・6位滋賀県・7位山形県・8位岐阜県・9位鳥取県・10位島根県とつづくことから明らかである（3位は東京都）。

＊　＊　＊

都道府県あるいは市町村の幸福度ランキングの調査項目に、ぜひ加えてほしいことがある。それは、誰でも自由に弾いていい「街角ピアノ」や「駅ピアノ」が設置されている状況と、そのピアノの周りに漂う幸せ感の在り様である。

ＮＨＫ・ＢＳ１の「街角ピアノ」は、各地の街角に設置されたピアノの周りに生じるドラマを紹介する。東京都荒川区三ノ輪のアーケード商店街脇に置かれた「街角ピアノ」の番組を見ると、ここは素敵な街だなと心がなごんできた。「音楽で街を盛り上げよう」と考える有志たちが、商店街の事務所から交差路脇の小公園にアップライトピアノを運び出す。

ピアノの脇には丸いシールとサインペンが置かれていて、訪れた人たちが思いを込めてピアノの蓋や側面に貼り付けている。「きんちょうしたけど　みんながはくしゅしてくれて　うれしいです」「娘と『虹』の連弾、気持ちよく弾けました。用意して下さった皆さん、ありがとうございます。音譜♪♪」「ジョイフルのピアノすてき　いつまでもみんなに愛されますように」「三ノ輪に引っ越してきてよかったです♡　またやって下さい、幸せ♡」等々……。

自転車に乗って来た宮城県出身の男性（77歳）が、ピアノを目にして降りた。人差し指でポンポンと音を出して「いいこと考えたね」と近くの女性に声を掛けると、「ほんとだね。弾いてくださいよ。演歌がいい」と誘われた。15歳のときに集団就職で上京して浅草の履物屋に弟子入りしたこの男性は、苦労のつづくときは明るいメロディーを口ずさんで元気を取り戻して過ごした。美空ひばりの「港町十三番地」を弾くと、小学生の女の子が少しずつピアノに近づいて行って演奏に見入っている。

小学4年生の学帽を被った男の子が買い物途中に、テレビで聴いて気に入って覚えたゴダイゴの「銀河鉄道999」を弾いた。弾いていると楽しい気分になれる。将来の夢は大きな家に住むことで、子どもが泣いたりしたらピアノを弾いて慰めてあげられたら素敵だなと思うと、はきはき語る。足を止めて聞いていた通りがかりの人に拍手されると、深くお辞儀して母親の所へ戻って行った。

ジョギング中のＩＴ企業勤務の女性がピアノを見つけて、いきものがたりの「ありがとう」を弾いた。１年前に結婚し、披露宴の最後に演奏した曲である。今までの人生をふりかえると、いろいろな人に「ありがとう」の気持ちを伝えたい。「今日はピアノを弾いて大分満足してしまったので、5キロぐらいで済まそうかなと思っています」と述べて、ジョギングに戻る。

杖をついて手を添えられて歩いてきた視覚障害のある女性が、KIROROの「未来へ」を弾いた。ピアノは5歳からの独学で、母のCDの音色をコピーして覚えた。壁に直面するたびに自分を励ましてくれることになった大切な曲だと述べて、歌いながら演奏した。

――ほら足元を見てごらん　これがあなたの歩む道　ほら前を見てごらん　あれがあなたの未来　母がくれたたくさんの優しさ　愛を抱いて歩めと繰り返した　あの時はまだ幼くて意味など知らない　そんな私の手を握り　一緒に歩んできた　その優しさを時には嫌がり離れた母へ素直になれず　ほら足元を見てごらん　これがあなたの歩む道　ほら前を見てごらん　あれがあなたの未来　未来へ向かってゆっくりと歩いて行こう――

ピアノと私は友達のような感覚で、悲しいことがあったときとかにピアノを弾くと、ひっかかっていたトゲが取れていくような感じになる。「これからがんばろう」と思えてくる、そんなパートナーですねと彼女は語る。

小学校の女性教師が、文部省唱歌「ふるさと」を弾いた。秋田県横手市の出身で、三ノ輪には恋人と遊びに来た。この街のたたずまいがなぜか故郷の風景と重なって、生まれ育ったふるさとがなつかしく思い起こされて弾いた。かなりの人たちがピアノの周りに集まっていて、「ああ、いいものを聞かせてもらった」と声にする老人もいて、拍手が鳴り響いた。

コロナ禍で在宅時間が増えたのでピアノを始めたという、介護用品の販売に従事する人がいる。「一緒に弾きましょう」と誘って、住まいも職業も異なる4人が連弾を楽しんでいる。一曲弾き終わったシステムエンジニアの男性に保育士の女性が頼んでブギウギの即興の連弾を始めると、何だか楽しそうなので子どもたちも加わって鍵盤を叩く。「こういう出会いが広がるのは、ピアノならではですね」と男性が話すと、「弾かなかったら一生知らない人だもんね」と女性が答えた。

大きな都市には、数千円のチケット代を払って名演奏を堪能できるホールがある。しかし、地域の文化度は文化会館といったハコモノを調べるだけでは測れないであろう。駅ナカや街中に「誰でも弾いていいピアノ」が置かれていて、通りかかった老若男女が「弾いてみようかな」と心が動いて演奏し始める。すると、通りがかりの人たちが足を止めて耳を傾けて聴く。そういう空間こそ、その街の人びとの文化度を表すであろう。

＊＊＊

日本総合研究所の「幸福度ランキング」では群馬県は28位で、その一つ下が千葉県であった。群馬県が全国に誇れる指標は「余裕教室活用率」（1位）と「留学生数」（6位）で、今後取り組んでほしい課題は「総合型スポーツクラブ育成率」（46位）と「余暇時間」（45位）だと同報告は指摘する。

データ解析を基に現場の行政、経済団体、市民組織の人々と向き合うことは刺激的であるだけでなく、新たな思索への基点となる試みであった。——寺島実郎さんは「謝辞」でこのように慎み深く述べて、同書を閉じる。

〈2022年11月初稿〉

第2章　Society5.0時代になっても教育は変わらない

コロナ禍を生きている子どもたちに薫風を

２０２０年８月の日本の自殺者は１８８９人で、前年８月と比べると56人多かった。２月から６月までは前年同月を10％以上も下回っていたのだが７月から増加へと転じた。俳優の三浦春馬・薗名星・竹内結子の自殺が影響することもあってか、10代から30代の若年層に増えた。10月の若年層の自殺者は２１５３人である（警察庁「自殺統計」）。

自殺者はこれまでずっと男性が女性を大きく上回ってきていたが、この年の７月以降、女性の自殺が増加して男性数の２分の１を超えるようになった。

こうした状況に鑑みて、９月10日、加藤勝信厚生労働大臣はメッセージ「生きづらさを感じている方々へ」を発出した。――新型コロナウイルス感染症の影響もあって、今後の生活について不安を感じておられる方も多いのではないかと思います。／どうかひとりで悩みを抱え込まずに、まずはご家族やご友人、職場の同僚など、身近な人に相談してください。

＊＊＊

自殺者の増加が、コロナ禍と関わりをもっていることは間違いない。しかし、増加への転換が７月からであったことについては、どのように認識すればいいのだろうか。

厚生労働大臣指定法人「いのちを支える自殺対策推進センター」は10月21日に記者会見を行い、これまでの研究で明らかにされていることを伝えた。つまり、社会的な危機が起きた場合、その最中や直後では「死への恐怖」が先立って「社会連帯感や帰属意識」が高まる。「辛いのは自分だけではない」と思って、命を絶とうとする動きは少ない。自殺志向が高まるのは数か月が経過して後になるという研究結果である。

緊急事態宣言が解除されたのは5月25日で、それまで抑えられていた自殺願望が少しずつ現実味を帯びて7月に入ったということであろう。「孤立」の問題が女性や若年層を中心にして、社会全体に広がったことがその背景にあると、藤和彦さん（独立行政法人経済産業研究所・上席研究員）は指摘する（『ＲＩＥＴＩ』9月28日・独立行政法人経済産業研究所）。

「孤立」が人びとに意識されるようになったのは、感染拡大の防止が最優先課題とされ、「ソーシャル・ディスタンス」を保つことが不可欠となった２０２０年の前半からであった。藤さんが挙げる次のような状況が、各地で見られるようになっていた。

・コロナ禍がサービス業を中心に起き、失職して生活苦に陥る可能性が女性の方に多くなった。
・在宅勤務の増加で夫が家庭に居ることが多くなったことで、家庭内暴力等によって女性にストレスが溜まりやすくなった。
・通学が止められオンライン授業を悶々と受けつづけることによって、学生のメンタル面が蝕まれやすくなった。

高校生の場合はどうであろうか。この年の8月に自殺した高校生は42人で過去5年間の最多値となり、そのうち22人は女子生徒であった。痛ましいニュースが、10月23日の夕方に起きた。大阪市梅田で男子高校生が商業施設の10階から自殺を図り、歩いていた女子大学生がその直撃を受けて命を落とした。

高校生が抱えることになった「孤立」の辛さについて、千葉経済大学附属高校の生徒について述べる。

3月から延々とつづいてきた臨時休業が解かれて通常授業が再開された6月、2・3年生は肘が触れ合うくらいに並んで話を交わしながら登校してきた。「密であること」が気にかかったが、その登校風景はどう見てもごくごく自然であった。放課後の風景が一変して驚いた。これまで〝帰宅部〟としてさっさと下校していた生徒たちの多くが校内に残って、最終下校が告げられるギリギリの時刻まで話を交わしつづけている。

入学式やガイダンスがずれ込んで、宙ぶらりんの2か月を過ごすことになった1年生のその心境は察するに余りあった。千葉県を中心にして各地から、電車や自転車で通学することになった新入生（631名）である。授業が再開してもマスクを着けて顔の下半分を覆い、隣との身体的距離を保つことに気を配る。友達づくりが目途である校外レクレーションは見送られ、全校で盛り上がる陸上競技会はなくなり、クラスのチームワークづくりに欠かせない文化祭も中止となった。

気心の知れた友だちと巡り合って親しくなりたいと願っても、その想いを叶える機会が失われている。気兼ねなく話を交わして心をもみほぐし、重苦しさを共感し合って気持ちを楽にしたいと思っても、生活に自制が求められる。茨木のり子は戦時中の自分を「わたしが一番きれいだったとき」と詩に謳ったが、光彩を放つはずの10代後半を、このように送りつづける高校生である。

＊＊＊

水谷修さんが繁華街で夜回りを始めたのは今から40年ほど前、横浜市の定時制高校に在職していた1980年代の当初である。

「昼の世界の心ない大人たちによって　夜の闇へと沈められた子どもたち」の傍に身を置いて、「自分自身の意思と力で、幸せな未来を作って」いけるように願って心を配る。そして、全国の若者などがメールや電話や手紙で打ち明けてくる「生きている辛さ」に耳を傾け、健やかな日常に戻る糸口を探り合う。そういう日々を送ることになった水谷さんである（『夜回り先生』サンクチュアリ出版）。

2005年の春、水谷さんはリンパ腫との闘いで体力を奪われていたが、メールや電話で寄せられる若者の悩みに心を砕き、講演を依頼されて出かける地では夜回りを行った。「こころが沈むと、からだまで沈んでしまいます。何をする気力も失せて、自分で自分を追い込みます」と、『子どもたちへ――夜回り先生からのメッセージ』（サンクチュアリ出版）に書き記したのはその折である。文庫版『こどもたちへ　おとなたちへ』（小学館文庫）に追記した「おわりに」には、この本は「私の遺書でした」と記している。

――悩みは見せるものです。苦しみは叫ぶものです。それを隠して抱き込めば、さらに苦しみ、悩みます。弱い自分を見せてください。ひとりでも多くの人に見せてください。そのときに優しく受け止めてくれた人が、あなたの本当の友だちです。――

薬物依存症となった19歳の少女ジュンさんは、「助けて」と水谷さんに手紙を出した。4日後、思いもかけず「運命の一本の電話」がかかってきた（『さよならがいえなくて――助けて、哀しみから』日本評論社）。

――会ったこともない初めて話す相手なのに、水谷先生は最初からやさしかった。／思った以上にもやさしく話しかけてくれた。それが何よりもうれしかったんだ。／こんな自分の話し相手になって、自分を変えようと一緒になって考えてくれる。電話は5分か10分だけど、とても長く感じた。／久しぶりに人と話をしたせいもあるだろう……。少し胸がスッキリした。／電話に出るまでの、イライラ感などが少し楽になった。／たった5分か10分の電話一本で自分が少し変わった。変えた水谷先生はすごい人だ。／電話で話しても、悪い気がしなかった。頼れそうだ。頼ってみようと思う。――

こころを傷めて病んでいる若者が頼ってみようと、心を動かす。水谷さんの「相手のこころをつかむ」資質や教育力から学びたいことのひとつは、「一つひとつの文章に想いを込め、ことばを選び、ことばを削り、そのかわり、たくさんの想いを込めて書き上げました」という対し方がある（前掲『子どもたちへ』）。

水谷さんのこの姿勢は他のどの著書にも、また夜の繁華街で出会う若者や電話で悩みを吐露してくる若者に対しても貫かれている。私がそう言い切れるのは、2度ほど水谷さんの講演を聴く機会をもって体感したからである。語られるその言葉は、一つひとつが全体の文脈の中で〝息〟をしていて、内面に沁み入ってひろがっていって、私は「素の自分」に戻らされた。

＊　＊　＊

コロナ禍で「孤立感」を覚えている生徒たちに、教師や大人たちはどのように関わっていけばいいのだろうか。水谷さんは、「こころはからだと同じ」で「きちんと栄養を与えなければ、病んだり壊れ」たりしてしまうと述べる（『優しさと勇気の育て方』日本評論社）。

こころの栄養は「感動する」ことである。「自然の中で、朝日や夕日の美しさに、こころを震わせ」、「きれいな花や小鳥の鳴き声に、こころを輝かせ」、「素晴らしい本や音楽で、こころを豊かに」し、「素晴らしい人との出会いに、こころをときめかせる」ことである。「涙を流すこと」の中にも大切な栄養が存在していると付け加える。

高校教師であった水谷さんは、「いい大人との出会い、いい本との出会い、いい授業などといった栄養分をゆっくりゆっくり与える。／生徒たち自らが可能性を伸ばし、花咲かせるよう手伝うことが教育なのです」と私たちに教える。

高校教師に限らずどの学校種の教師もが、深い教材研究をふまえた密度の濃い授業で生徒の知性を磨き、また、一人ひとりの内奥に薫風をたっぷりと吹き込む存在でいたい。「水谷修さんの著書と出会ってくれるならば、生徒たちは……」と願って、高校の保健室の書棚に水谷さんの本を並べた。

【補記】２０２２年の自殺者は、総計２１８８１人（前年より８４７人増）で、そのうち女性は７１３４人（３年連続増加）である。小中高生の自殺者は５１４人で、前年より41人増であった。

〈２０２０年11月初稿〉

ソーシャル・ディスタンス
――「3密」を回避しながら、親密・緻密・濃密を志向する学校社会

新型コロナウイルスの感染防止のために「密閉・密集・密接」の「3密」を避け、隣の人との間隔は2m以上開けよう。それは互いに手を伸ばして触れ合わない、くしゃみや咳をして飛沫を飛ばさない距離、「ソーシャル・ディスタンス」です。――このように呼びかけられて、私たちは過ごしてきた。

「社会的距離」と訳される「ソーシャル・ディスタンス」は、「クラスター／オーバーシュート／ロックダウン」といった外来語に比べて、日常の生活に溶け入る言葉となった。コカ・コーラはロゴ「Coca　Cola」の一字一字の間隔を開け、「離れることで、築かれる絆。大切な人のためにお家で過ごそう　Stay Home」と呼びかけた。また、AUやマクドナルド等の企業もロゴやアカウント名に文字間隔を取って、ソーシャル・ディスタンスの重要性を視覚に訴えた。コンビニでは引かれているラインに沿ってレジへと少しずつ進むし、エレベータに乗るのは靴位置の数に限られた。「ソーシャル・ディスタンス」は、この年の新語・流行語大賞でかなりの票を集めるにちがいなかった。

＊　＊　＊

感染が拡大の一途をたどり、医療機関がひっ迫してきた2月ごろから、次のようなことが各地で起き始めた。

・医師への感染の発覚した病院勤務の看護師が、2歳と4歳の子を保育園に送っていくと、入室が断られて「非感染」であることの証明書の提出が求められた。
・妻が感染症対応病院勤務の看護師であることを事由として、会社勤務を休むように要請された。
・学童保育に携わる母親が、「お宅の娘さんは看護師でウイルスに感染しているかもしれない。しばらくは出勤しないでほしい」と告げられた。
・白衣のクリーニングが断られるようになった。

このような事態を深刻に受けとめた日本看護倫理学会は、声明「新型コロナウイルスと闘う医療従事者に敬意を」を発した。――「人類がこの脅威を克服することができるか」どうかは、「社会の一人ひとりの行動と、医療機関および医療従事者の努力」にかかっています。しかし、「病院や訪問看護ステーション等の医療機関、およびそこで働く医療従事者」が「誹謗中傷や風評など、不条理な被害を受けています」。

同声明が「不条理な被害」として掲げるのは「職員の子どもに対するいじめ、保育園への出入り禁止、職員や患者のタクシー乗車拒否・職員に対する引っ越し業者からのキャンセル」である。「受診拒否・手術拒否や延期の希望・転院希望」によって、病院経営が圧迫されていることも挙げられた。

献身的に医療に勤めている人とは、このように距離を置いて関わる。これも、「ソーシャル・ディスタンス」の一つとして認識して行うべきことなのだろうか。

＊＊＊

政府の専門家会議はその都度記者会見を開いて、感染拡大に対する知見を伝えてきた。4月の初め、尾身茂副座長は「ソーシャル・ディスタンスというかフィジカル・ディスタンス……」と言葉を継いだ。「フィジカル・ディスタンス」という言葉を耳にしたとき、私はもやもやの一つをほぐすことができた。

密を防ごうと呼びかける「社会的距離」というのは、あくまでも隣の人との「物理的距離」であって、「人との関係を隔てさせる心的な距離」ではない。会見でのこの付け足しは、3月20日のWHOの用語変更の提唱に基づいてであったが時機を逸していた。

「大切に思うから距離を保とう」（楽天グループ）といった、「温かみ」のある人間関係を築こうとするならば、医療に従事する人たちには心から敬意を払い、思いもよらず感染してしまった人たちにはお見舞いの言葉を送る。そういう世の中でありたかったが、「人間関係を冷え込ませていく」言葉を発することに問題性を感じなくなる春先であった。

「ソーシャル・ディスタンス」という言葉は、本来的に「人との距離を心的に遠ざける」という語意を宿しているのかもしれない。そう思って調べてみると、１８３０年代に、特定の個人やグループを意図的に排除する性向や行為をしたり、主義主張が相容れなかったりする人やグループから身を退くことを、社会学が「社会的距離・ソーシャル・ディスタンス」として概念化していた。

21世紀に入って、疫学は、公衆衛生の立場から感染予防を訴える必要性を痛感した。そこで、distanceに〝ing〟をつけて「social・distancing（ソーシャル・ディスタンシング）」という新概念を打ち出した。日本では「社会距離拡大戦略・社会的距離戦略・人的接触距離の確保」等が訳語となった。

感染させられる心配のある人から距離を置くことは、万やむを得ない行為である。したがって、少し言葉が長くなっても「ソーシャル・ディスタンシング」と呼びかければよかった。「フィジカル・ディスタンス」と呼びかけられたならば、その「距離」は巻き尺で測る「物理的距離」として受け止められて、「心的な社会的距離」が入り込む心配は生じなかった。

＊　＊　＊

文部科学省は6月5日、専門家の知見をふまえた通知を全国の学校に発出した。「新型コロナウイルス感染症に対応した持続的な学校運営のためのガイドライン及び新型コロナウイルス感染症対策に伴う児童生徒の「学びの保障」総合対策パッケージについて」である。

同通知は、感染拡大を避けるために隔たることを「身体的距離の確保」と呼んだ。この呼称は、子どもにとっても大人にとっても分かりやすい。

――長丁場に備え、手洗いや咳エチケット、換気といった基本的な感染症対策に加え、感染拡大リスクが高い「3つの密」を徹底的に避けるために、身体的距離の確保（ソーシャルディスタンスあるいはフィジカルディスタンス）といった「新しい生活様式」に、学校を含めた社会全体が移行することが不可欠である。――

ところで、確保が求められる隣人との「身体的距離」は国によって異なる。フランス・イタリアでは1m、ドイツでは1・5m、アメリカでは1・8m（6フィート）、日本・韓国では2mである。

緊急事態宣言が解除されてから3か月、感染の拡大は第2波を迎えていて、ほとんどの小中学校が臨時休校で欠けた授業時間を補塡するために夏休みを短縮して教育活動を行っている。「新しい生活様式」に移行するにあたって、学校に求められる教室運営は次のとおりである。つまり、「レベル2」段階の「感染拡大注意都道府県」では「できるだけ2m程度（最低1m）」の間隔を置き、通常状態に戻る前段階の「レベル1」では「1mを目安に学級内で最大限の間隔」を取ることである（文部科学省『学校におけるコロナウイルス感染症に関する衛生管理マニュアル～「学校の新しい生活様式」～』5月22日)。

「2m以上」と示されていた当初の「身体的距離の確保」がこのように緩められるのは、どういう事情からなのか。平山直子さん（初等中等教育局健康教育・食育課長）によれば、「1mから2m」としていた記載に、「2m空けないと危険なんじゃないか、1m空ければほんとうに安全なのか」といった指摘が保護者から寄せられ、専門家に打診しての修正であった（文部科学省「学びの保障に関する施策説明会」6月12日）。

つまり、「2mあったら安全で、1mなかったら危険」とするエビデンスは全くなく、それはあくまでも「目安」に過ぎない。「マスクや換気を組み合わせれば、感染症対策としては十分」というのが、専門家の見解である。

＊＊＊

ワクチンが行き届くようになるのは、だいぶ先になるであろう。それまで私たちが心がけていくことは、密閉された空間に密集して密接な時間を過ごす「3密」の回避である。会社などには「多様な働き方」が推奨されて、テレワークを導入した勤務体制に移行しつつあるようだが、学校はどのように対処すればいいのだろうか。

職員会議などはリモートで済ましてさしつかえないが、教室で行う授業についても遠隔化への切り替えが必要なのか——。マスコミはオンライン授業を推進する学校にスポットを当てて報道している。

しかし、私は首を傾げざるを得ない。学校というのは、本来的にオンラインになじまないからである。教師が生徒たちと「親密な関係」を築いて「緻密な計画性」のもとで授業を展開し、

「濃密な時間」を過ごす教育機関が学校というものだからである。この【3密（親密・緻密・濃密）】を志向する日常が失われると、学校は「通信教育機関」の一つに成り代わる。

そういう存在になったならば、生徒たちはもちろんだが親たちもまた、よそよそしく遠目に〈学校〉をながめることになるだろう。生徒一人ひとりが秘めている可能性を開花させようと、真摯に実践してきた教師は、「ほどほどの関わり」を生徒と持ちながら〝物知り〟を育てていくことに注力するようになるだろう。

あらためて強調したい。教育の世界というのは「親密さ・緻密さ・濃密さ」の【3密】の土壌をことのほか大事にして、生徒たちと「密に関わることで生まれる果実」を追い求めて成り立ってきた。

教育や保育の世界は、教師や保育者が「子どもと距離を置いて関わろう」と意識したときに姿を変える。学校は、【3密】の土壌にしっかりと根を張って、子どもの人間としての成長に意を注いで存在しつづけるエッセンシャル機関でありつづけていかなければならない。

〈2020年9月初稿〉

不要不急の「外出」を楽しむ
──「疎密度を志向する社会」に生きる知恵

2020年の世相を表す漢字は「密」、新語・流行語大賞は「3密」に決定した。注目度の高いこれらの発表に先立つ11月30日、国語中辞典を3種類も出版する三省堂が「辞書を編む人が選ぶ・今年の新語」の発表会を催した。

研ぎ澄まされた言葉感覚のある権威が、後々も多くの人たちに使われていくであろうと考えて選んだ新語の発表である。「大賞」に推挙されたのは「ぴえん」で、「泣いているさま」を表す擬態語であった。目を潤ませた絵文字と合わせて、女子中高生がSNSやメールなどで18年11月に使い始め、今では男女を問わず世代を超えて広く使われているという。まったく縁のなかった言葉である。

2番目に挙げられた新語は「〇〇警察」である。警察の真似事をして自分なりの正義を振りかざす人たちを指し、マスクをしていない人に睨みをきかす「マスク警察」や「休業要請中は開店するな」といった貼り紙をシャッターに貼って警告する「自粛警察」を指す。このニュースはテレビなどで知っていた。

「〇〇警察」はその後も名乗りを上げていて、有名人のマナーを批判する「マナー警察」がいれば、着方を知らずに和服を着ている女性に近づいて苦言を呈する「着物警察」がいると言う。

国語辞書の権威が選んだ新語の第3位は、「密」である。「密」は6学年配当の教育漢字で、多くの人たちが口にしてきているので、「新語」ではありえない。たとえば、岩波書店の出版する『広辞苑』（第7版）には、次の4つの語義が挙げられている。

① 時間的・空間的に、すきまが少ないこと。「連絡を密にする」「木が密に生える」
② ちかしいこと。すきまなく触れ合っていること。「密な関係」「密な接触」
③ きめのこまかいこと。ゆきとどいていること。「意を用いること密」
④ ぴったり閉ざして外から見えないこと。内々。ひそかに。「はかりごとは密なるをもってよしとす」

20年に頻用されるようになった「密」は、これらの意味合いを持ちつつも、そのことによって及ぼされる「危うさ」が強調されている。「人と人との間隔が危険に思えるほど狭く閉じられていること」を意味する「密」は、〃新語〃として認定するにふさわしい。国語辞典の編纂者たちが下した判断である。

＊　＊　＊

「密」が付く熟語を一覧するならば、密会・密室・密談・密約・機密・密告・密輸・密漁・密猟・密売・密行・密事・密閉・密集・密入国など、悪の企みや望ましくないことをほのめかす熟語が確かに多い。しかし「密」には、親密・綿密・緻密・精密・厳密・細密・周密・緊密・濃密などの熟語がある。これらの熟語は「密」を後に付けていて、私たちが真摯に対していきたいことごとを表している。

密閉した空間に密集して密接に関わることは避けていきたいが、責任をもって仕事を遂行していくにあたっては、志を同じくする仲間と親密な関係を築き、緻密に計画を練って事を周密に運ぶことが欠かせない。重厚で濃密な時間はこういう構えがあって生み出されていく。

ところで、「密」とは反対のまばらで空いている状態は、「疎」である。村落社会に生じている「過疎化」は国家的な問題となっているが、「過密化」した大都会も想定を超える事態を生んで、社会機能をマヒさせている。

半世紀も前のことである。リースマンの『孤独な群衆』の翻訳者として高名な加藤秀俊さんは、「高密度社会」という概念を打ち出して、社会における「親和的空間」について論究した（「高密度社会のとらえかた」『中央公論』１９７１年・『空間の社会学』〈中央公論社〉所収）。

動物行動学の研究も踏まえると、あらゆる動物が「同種の個体間に、かならず一定の空間的距離」を置く生活をしている。例えば、電線に停まるスズメやツバメの群れは、ほとんどセンチ単位の正確さで等間隔に並ぶ。空いたベンチに腰を下ろすとき、真ん中に着座する人はいない。どちらかの端に座って片側に他人が座る可能性をゼロにし、内側にはカバンなどを置く。程よい空間的距離を私たちも求めている。

周りとの親和的な空間が確保できなくなると、どうなるだろうか。ストレスが高まっていって、死へ向かう確率が上がると加藤さんは警告する（「高密度社会の人間関係」朝日新聞1972年2月23日）。

ある年、大西洋上の小さな島でシカが次々に死んでいった。それは食べ物が枯渇したからでも悪性の疫病に罹ったためでもなく、副腎障害を起こしての自死であった。食べ物に恵まれて増殖を重ねたことで、島の〝人口密度〟が高まった。走りまわる空地が狭まっていくと、ストレスが溜まっていったのである。

動物世界のこのような実例や心理学者の行った「雑居房での囚人の行動研究」に基づいて、加藤さんは、無関心と無気力化が進みゆく日本社会に警鐘を鳴らした。

――人間が人間らしくまじわるためには、人間的な空間の密度が恢復されることこそが先決なのである。いまのわれわれは、ことごとく、日本列島という巨大な雑居房でうごめいている囚人なのである。その事実をふまえたうえでなければ、これからの日本の社会設計はむずかしいだろう。――

「個体密度のひくいなかでは、世界共通に、道で出会った人がほほえみやあいさつをかわす」。しかし、「都市生活のなかでは、人間は、人間に対して『関心』をもつことができない」。他人を「人間」として認めるとストレスが高まるので、他人を「モノ」として見るようになる。

人間と空間に関する先駆的な研究者・ソマーが指摘したことを活かしながら、加藤さんは次のようにつづける。

——目のまえ30センチのところに、長時間にわたって他人が存在しつづける、というのは人間にとってたえられない経験だ。しかし、もし、それが、人間でなく、たとえば置物であるならば、べつに苦痛ではない。モノならゆるせるけれど、人間なら、たまらない。そこで、われわれは、他人を、厳密に物理的な意味で「物化」しているのである。——

加藤さんが警告する「高密度社会が招く事態」については、「満員電車」を思い浮かべればいい。すし詰め状態になって身動きがままならなくなって神経をすり減らしてしまう、あの体験である。

＊＊＊

ストレスが高まると、他人を「モノ」として見るようになる——。それは高密度社会に特有のことと言っていいのだろうか。他人を「物化」して扱うようになるのは、過密化した都会に限られると言っていいのだろうか。

コロナ禍のこの1年、私たちには咎められることなどなかった親密な「まじわり」に釘が差され、ソーシャル・ディスタンスの確保が求められてきた。ごく自然になされてきたふれあいやまじわりが「密」の側に組み入れられ、距離を置くことが促された当初、私たちは戸惑いを隠せなかった。

しかし、いつの間にか「疎密度を志向する社会」の一員としての自覚が生まれてきた。ディスタンスを意識して過ごすようになったこんにち、相対している人を「モノ」を見るかのように接していないか気になることが、私にはある。ぞんざいなふるまいをしてしまったり、人格を傷つける言葉を口にしてしまったりしていないか自省することがある。

「疎空間」に身を置く暮らしになじむことができず、〝孤〟へ向かう人がいるし、職を解雇されて路頭をさまよう身になった人たちも多い。自殺者は、この年の7月からずっと増えつづけている。

動物行動学者に聞きたい。荒野をのびやかに動き回っていた動物たちが、遠い地の動物園の檻に閉じ込められ、仲間とまじわることが断たれる身とされたとき、副腎に障害を起こすことはないのだろうか——。

＊＊＊

私たちは感染拡大の終息まで、「新しい生活様式」に則って「3密」を避けて生活していかなければならない。「どうしても必要というわけでもなく、急いでする必要もないこと」（広辞苑）のための不要不急の外出は控えるようにと、推奨されている。

「外出」というのは「外に出る」行為を指すが、街中に出かけることのみを指すのではない。

例えば、本を読んで新しい世界に目をひらいたり、音楽を聴いて内面を潤したりする。テレビドラマのストーリーに身を投じて当事者として生きてみる。また、内面に湧き起こる思いを絵や歌や物語などに表現して形にする。私たちが今居る所から「外の世界」に出る方途は様ざまにある。

私たちには他人とは異なる「自分らしさ」があって、それは習いごとや嗜みごとなどを通して、また一途な取り組みによって培われ磨かれてきている。さりげなく顔を覗かせる「自分らしさ」はいつか周りに伝わって、同志の輪がひろがっていく。

しかし、磨きをかける機会から身が遠ざかると、「自分らしさ」は陰っていく。「コロナ禍であっても」と言うか、「コロナ禍であるからなおさら」と言ったほうがいいのか、私たちは「らしさ」を研磨する機会をもちつづけていきたい。

その「らしさ」は、どこかに出向かないと研ぎ澄ますことができないとすれば、「密」を避けながら赴くことにしたい。傍からどう思われようとも、その外出は「不要不急」の括りには入らないと私は思う。

〈2021年2月初稿〉

転調しても伏線回収していると気づく人生を
──ハラミちゃんとYOSHIKIさん

千葉経済大学附属高校は卒業式の前日（2022年3月）、予行練習が終わったところでハラミちゃんのサプライズライブを催した。ハラミちゃんは、街行く人のリクエスト曲を直ちに弾いて幸せな気分に浸らせる。そして、その動画をYouTube配信して「音楽と人との出会いっていいね」と共感の輪を広げる。そういうピアニストである。

今年の卒業生は、1年の3学期途中からコロナ禍に身を置きつづけた。緊急事態宣言やまん延防止等重点措置下では臨時休校や時差登校・短縮授業の日々を送り、楽しみにしていた長崎方面への修学旅行に行くこともできなかった。靄がかかったような高校時代を思い起こすとき、「あのとき……!」と思い起こして、ニコッとできる贈りものができないか。卒業生をもつ父母たちがいろいろ考えてのドッキリサプライズである。

YOASOBIの「群青」などを演奏したハラミちゃんは、卒業生に次のようなメッセージを送った。──皆さん、コロナ禍で辛い毎日だったと思います。この毎日は何だったか、ムダだったんじゃないか、こんな授業を聞いていてもムダなんじゃないか。そう思うことがあったんじゃないかと思うんです。でも、そんな経験がきっといつか将来には、点と点がつながっていって大きな花が咲くと思います。ですから、これからもムダと思うことほど一生懸命取り組んだりすると、その分、大きな花が咲くと思っています。――

温かく語りかけたこのメッセージは、卒業生たちの内面に沁み入っていった。この日の動画はYouTubeで早速に配信され、視聴回数は23年9月時点で100万件を超えていて、全国の人たちが心をなごませて視聴している。

「卒業生の皆さんが、ハラミちゃんの演奏やメッセージを真剣に受けとめようとしている姿に感動しました」「同じ年の娘も今日が卒業式でした。動画を一緒に見ながら2人で感動しました」といったコメントの中に、「ウクライナのことが少し忘れられた、いい動画でした」というものもある。

＊＊＊

YouTubeの「YOSHIKIさん（X JAPAN）×ハラミちゃん　スペシャル対談」は、音楽の世界に疎い私までをも惹き付ける。オンラインではあるが、あこがれてきたYOSHIKIさん（ロスアンゼルス在住）と語り合う機会に恵まれたハラミちゃんである。

――YOSHIKIさんの作る詩と曲の魅力は「緻密に計算されている」ところにある。たくさんの「ものすごい仕組み」で生まれていて、「転調の一つひとつ」が「この曲を一本の映画のように、いかにドラマチックに作りあげるか」といった視点から生まれています。――

YOSHIKIさんは顔をほころばせて聞き、「ありがとね、そこが分かってくれて。もちろん最初のメロディーは感性でパッと行くんですけど、その後の曲の構成とか転調とかはすごく考えます」と、曲作りしているときの胸中を話した。

ハラミちゃんは、さらに述べる。――「Forever love」のギターソロからの転調なんて、こんな素晴らしい転調がどうして思いつくんだろう。一度転調したらそっちの世界に行きっぱなしなことが多いんですけど、YOSHIKIさんの転調って、ちゃんと戻ってくるんですよ。それが、何でこんなに自然に最初のスタートラインに戻ってくるんだろう。「映画の伏線回収」みたいな感じというか……。

そこまで読み取って弾いてくれているのかと恐縮するYOSHIKIさんは、高ぶる気持ちを言葉にした。――ありがとう。うれしい。映画でど頭にエンディングシーンが出て来てつながることがあるじゃない。それが好きで……。作曲者として、このように褒められたことってあるかな？　そのくらいうれしい。

2人の会話は、こうして専門性の高い言葉を介してポンポンと弾んでいく。私は辞書やネットでその意味を確かめ、そのうえで何度もこの対話を味わい直した。

「転調」については、高校時代に「音楽」の授業で教わったことがある。例えばハ長調からホ短調へとキーを変えて、楽曲の世界を盛り上げていく創作法である。YOSHIKIさんは転調を8回ぐらい経る曲も作っているそうで、転調しっぱなしで最終節に向かうのではなく、自然と元の曲調に戻って幕を閉じてゆく。そういう曲風の作曲をしているようだ。

初めて耳にしたのが、「伏線回収」という言葉である。小説やドラマなどで、「あの時のあれが、このようにつながっていたんだ。気づかなかったな……」と思い起こされることがある。それとなく伏線を張る創作法が「伏線回収」と言われるのであった。

＊＊＊

ハラミちゃんは、楽譜なしリハーサルなしで「Forever love」を演奏することになった。こういう曲なんだと耳を澄ましていると、突如ピアノが止まった。「緊張してしまって間違えちゃった。ごめんなさい。もう1回弾いていいですか」と赦しを乞うて、最初から弾き直した。

――すごい。素晴らしい。ぐっと来た。最初に弾いてくれて、一旦中断してまた弾いてくれて、そのすべてが素晴らしいと思う。やっぱり人生って、ものごとって、AからBへと順調に行くわけじゃないじゃない。いろんな紆余曲折があってそこにたどり着く。その瞬間の喜びみたいなものを、共有できた感じがする。人間も芸術も生身だっていうことが分かるよね。――

2人は対談の前半で、それぞれの人生をふりかえって語り合っていた……。ピアノを4歳から始めたハラミちゃんは、小学時代勉強も運動も苦手で、唯一自分が輝ける場はピアノだと思って、休み時間になると多目的ホールに設置されているピアノで好きな曲を弾いていた。すると、多くの子どもたちが学年を超えて聴きに集まってきた。

ピアニストになろうとあこがれて音楽大学に入学したが挫折して、普通の会社員となった。

気が落ち込んで休職していたときにストリートピアノに出遭い、心のリハビリのつもりで元気になりたくて始めた。街行く人がどういう反応をするだろうか。とても怖かったが、リクエストされた曲を即座に弾くと心から喜んでくれるし、出向いた街の土地柄にふれると気持ちが豊かになる。音楽を介して出遭う一期一会の魅力にだんだんとハマって、自身の道を拓いていくハラミちゃんであった。

YOSHIKIさんは思い起こして語った。――hideが死んでしまったとき、何日も外に出る勇気をもてなかった。いろんな意味で落ち込んで、自分の家のドアを開けるのが怖かった。一歩外に踏み出すと素晴らしい世界があるよって、ハラミちゃんに励まされている人がたくさんいると思うよ。僕もそのうちの一人です……。

＊＊＊

ハラミちゃんは、朝日新聞の「おやじのせなか」（22年8月28日）で次のように語る。――会社員の父は「これからは特技を持った子が、伸びる社会になる」。だから、何か「特技」を持ちなさい。唯一助けてくれるのは、その「芸」だと言った。そして、母の反対を押し切ってグランドピアノを買ってくれたとき、音の響きに魅了されて、鍵盤の重さが何とも言えずピアノにハマっていくことになった。

音楽家になる道が頓挫してＩＴ企業に就職を決めるとき、父は「音楽をつづけてみれば」と言い、たとえ就職しても「これまでやってきたことが無駄になるわけじゃない」とも言い添えた。ストリートピアノで新たな人生を歩み始めたハラミちゃんのライブを、父は観客に混じって行き、演奏を聴いて泣いている。会社から帰宅すると、娘の出ているラジオ番組やYouTubeを見ている。——母にそう教えられた。

コロナ禍を過ごして身に刻むことになった「点」は、これから刻まれることになる新たな「点」とどこかでつながって、見事な花を咲かせる。ムダだと思えることであっても手を抜かずに取り組むと、そのことが肥やしになって大きな花を咲かせていく。——ハラミちゃんは卒業生にこう語ったが、それは、転調を重ねながら伏線回収して音楽の道を切り拓きつづけてきた自身の歩みを踏まえてのメッセージであったようだ。

〈2022年6月初稿〉

国境「線」を引き直そうとする為政者、曖昧な「線」をはさんで暮らす人びと

戦車行く野は花が咲くはずだった子らが遊んでいるはずだった　美原凍子
戦争は「始まる」ではなく「始める」であるとつくづく思う如月　篠原俊則
爆弾で怯え泣く子をウクライナ国歌であやす地下壕の母　今西富幸
向日葵と小麦の大地に春近し銃を持つ手に種は蒔けない　加藤　宙
三度目（みたびめ）の過ちとなる瀬戸際に晒されている大戦と核　森　浩希
暖房の無き地下豪に新生児抱きて暖め続けし看護師　篠原俊則
（朝日歌壇より）

日々報道されてくるウクライナの状況は、悲惨極まりない。こういったことが平然とできるように人間を変える戦争、その戦争は為政者が軍隊に指令して始められる。自国を防衛するための聖戦だ、――いくたびも耳にした大義名分がまた語られている。

軍事アナリストが最新の戦況とその背景を解説し、ロシアの内政に詳しい学者がプーチン大統領の目論みを推察して伝える。そして、国際経済学者が欧米日等の行っている制裁の実効性

や全世界が被っていく経済の混迷を示唆する。

冬季オリンピック開催中に始められたウクライナ侵攻は、新型コロナウイルスの〝侵攻〟とは次元を異にして、指揮権の発動によって始まった。各国の為政者はもちろんであるが、私たち一市民もこの問題から目を離さず、民主的で平和的な日々がウクライナの人びとに戻るように、知を働かせたい。

＊＊＊

磯野真穂さん（文化人類学者）は、文化人類学というのは「立ち止まることを奨励する学問」で、「他者の生を通じて自分を知る学問」だと教える（『医療者が語る答えなき世界──「いのちの守りびと」の人類学』ちくま新書）
磯野さんはその論考「戦争の火種となる『線』」（千葉日報２０２２年4月15日）を、「国境は線ではない」と書き出す。そして、そのことを感じたければ「海岸『線』に行ってみればいい」と、私たちに〝浜辺〟を思い起こさせる。
「海岸『線』」には「砂粒、石ころ、たくさんの生物、植物、生業を営む人々、砂浜で遊ぶ子どもたち」が居て、「動植物、人間の暮らし」が営まれている。そして、「どこからが海で、どこからが地表かはっきりしない」。国境も同様であって、人びとの暮らしは「国境線」をはさんで様ざまに営まれていて、「ＡとＢのテリトリーが近接する場所」には、「どちらに属するかはっきりしない場所が常に残る」。

その国境付近が「曖昧なまま残されているうちはいい」が、どちらかが「領有権を主張し出す」と、それが戦争の「火種の一つ」となる。「国と国との線を巡る争い」が「戦争」というものであって、為政者は「暮らしよりも線を重んじ、線のために多数の命が奪われることはやむなし」とする。しかし、「国境線の引き方」というのは、ほんとうに、「何千人、何万人の命に匹敵する」ほど「大切なもの」なのだろうか……。

「国境」は「人為的に引かれたもの」であるので、「曖昧な場所の奪い合い」は「泥沼化」せざるを得ない。「外交の使命の一つ」が「戦争を避けること」にあるならば、外交で問われるのは「国境付近に抱える曖昧な場所の所属」を「明確にすること」ではなく、そういう場所の所属を「曖昧なままにしておく手腕」なのではないか――。

磯野さんは以上のように論じていく。ロシアのウクライナ侵攻は、新しい国境線を引こうとするプーチン大統領の企て、つまり、１９９１年にソ連が崩壊して生まれた「30年来の国境線」を引き直そうと企む侵攻である。私はこの認識を基底に置いて、現今の問題を見つめることにした。

＊＊＊

私の関心が趣く社会事象の一つに、国境や県境をはさんで暮らす人びとの鷹揚さと、大国が意のままに引く国境「線」の無謀さがあった。

中学生のころ（１９５８年頃）である、アラビア半島の地図を見ると不思議な思いに駆られた。半島北部はイラン・イラク・シリア・レバノン・ヨルダン・イスラエルなどが国境をはさんで対峙し、紛争が絶えない。しかし、半島の南部に目を移していくと広大な砂漠がひろがり、沿岸部にはアラブ首長国連邦・オーマン・イエメン民主人民共和国・イエメンアラブ共和国がある。何が不思議かというと、それらの国とサウジアラビアとの間に、国境「線」が引かれていないことである。「国境線」が消えるアラビア半島地図は、『小学校社会科地図帳』にずっと載ってきた。ここに掲げたのは、77年3月25日発行の地図帳（76年4月文部省検定済）のアラビア半島の地図である。

国境の消えたアラビア半島の地図

そのうえで不思議なことがあって、地図帳巻末の世界各国の面積一覧に、例えばサウジアラビア2,149,690㎢、オーマン212,457㎢といったように、それぞれの国の面積が明記されている。国境線で区切られていない国の面積は、どのように算出されるのだろう（『フィールドワークでひろがる総合学習』一莖書房）。

国境線が内陸部で消える理由については、予想ができた。人家が立て込む沿岸部では人びとに国家意識が醸成されるが、茫漠たる砂漠地域を遊牧する人びとには、国境をまたいで暮らしているという意識は生まれにくいにちがいないからである。

２０００年代になると、アラビア半島の砂漠地帯には、国境線がしっかり書き込まれるようになった。砂漠地帯が油田の埋蔵地に転じて、その権益の堅守が国家の命運に関わることになっての国境線の確定である（『世界の奇妙な国境線』角川ＳＳＣ新書）。

前掲の拙書では、青森県十和田市と秋田県小坂町にまたがる十和田湖上に、県境が引かれていないことにもふれた。その後であるが、平成20（２００８）年に県市町の四者協議で覚書が締結され、１３７年間未確定であった湖面（61.02 ㎢）が「青森県6割・秋田県4割」と決定した。分割された湖面の面積はそれぞれの県に加えられるとともに、地方交付税額（年額約６７００万円相当）が両県に交付され、十和田湖観光の振興資金に充てられることになった。

行政面では歴史的と言ってもいいこの変革であるが、観光客の関心を呼ぶことはない。「十和田湖観光」に訪れた目途は、小高い小坂町から湖面を眺望し、遊覧船で湖面をグルッと巡って新緑や紅葉や雪景色を楽しみ、高村光太郎のブロンズ製乙女像（十和田市）を目に収めることだからである。

ところで、私には県境線・国境線に着目してつくった教材がある。その中から2つを紹介する。まずは「ちばらき県ということ」（１９８６年）、県境をはさんでの暮らしが自由に営まれていることを知って楽しくなる教材である。

当時学生であった出口亜由美さんは、茨城県鹿島郡の波崎町から利根川を越えて、銚子駅からＪＲに乗って通学していた。出口さんの自宅には「千葉県銚子市対岸……」といった宛名で郵便が届くと教えられ、私には信じられなかった。いろいろと話を聞いていると、波崎町は「ちばらき県」の県庁所在地と考えるのがふさわしいと思うようになった。

波崎町の宿に泊まって１００人にアンケート調査をすると、次のようなことが明らかになって、「ちばらき県民」の県民性が詳らかになった。

○茨城県のニュースより千葉県のニュースの方に関心がある人29％、両方に同じ位の関心がある人26％で、半分以上の人たち（55％）が千葉県のニュースに関心を持って過ごしている。
○甲子園で銚子の高校と茨城県の高校が対戦することになったときには、60％の人が銚子の高校を応援する。
○利根川は「県境」であると意識する人は31％で、波崎と銚子を結ぶ「交通路」だと認識する人が63％いる。

波崎町は２００５年に神栖市に編入されたが、令和の時代になった今も、郵便番号は茨城県に共通する「３１４」で始まるが、電話の市街局番は「０４７９」で千葉県と同じである。そ

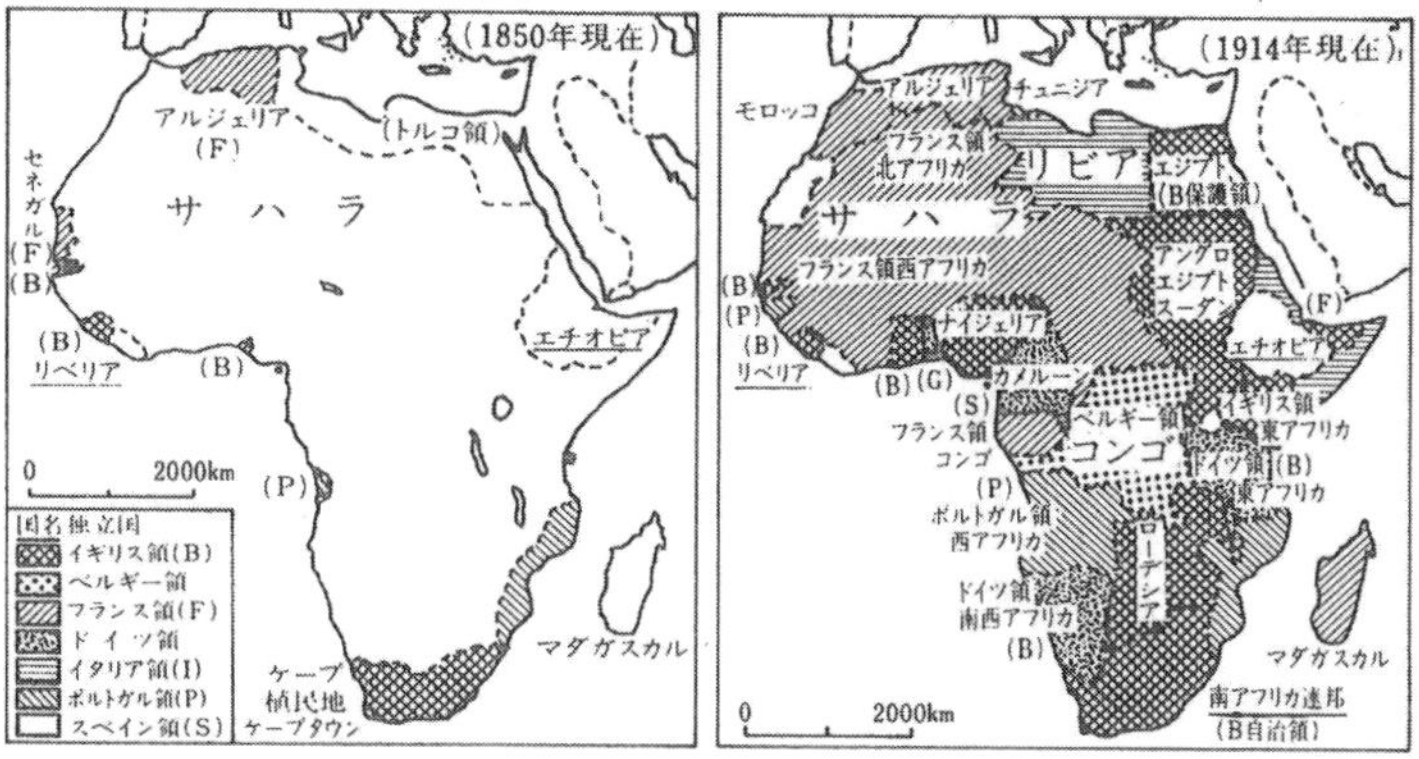

アフリカ分割を示す2枚の地図（『日本の歩み』中教出版教科書）

のほか「ちばらき県」と呼ばずにいられない諸々のことがらについては、『フィールドワークでひろがる総合学習』で紹介した（授業の記録と授業後の子どもたちの感想等は『地域教材で社会科授業をつくる』明治図書所収）。

そしてもう一つの教材は「アフリカの国境について」（83年）で、強権が国境「線」をほしいままに引いていく事実に驚愕する教材である。

アフリカ大陸の地図を見ると、経線や緯線と一致する国境線、明らかに2地点を結んだとしか言いようのない「直線の国境線」が随所にある。このような国境線が引かれたのは、帝国主義時代の1880年から1914年の35年間のことであった。その生々しい〝傷跡〟に目を向ける6年生との授業である（授業の記録と授業後の子どもたちの感想等は『社会科の授業をつくる』（明治図書）、教材化の過程については前掲『フィールドワークでひろがる総合学習』)。

アフリカ大陸には800ほどの部族が時には争いつつも、交流しあって歴史を刻んできた。その大陸は産業革命を成し遂げたヨーロッパ列強には、大量に生産した製品を売りつけ、その生産に必要な資源を獲得し、また自国民の食糧を供給する格好の市場となった。

文字文化には縁を持たずにきた部族の長を巧みにたぶらかせて、国境「線」の引き合いに翻弄した列強である。授業では、セシル・ローズの言葉を伝えた。ダイヤモンドの発掘で巨富を得ようと現地に入り、ケープ植民地の総理大臣の座に就き、自分の名をかぶせた「ローデシア」を建国するに至った帝国主義者が、威厳を持って発した言葉である。(『セシル・ローズと南アフリカ』鈴木正四著・誠文堂新光舎)。

・わがイギリス国民の生産品に自由な、開放された市場を与えるような地球の表面を1インチたりとも取らねばならない。
・この世に神があるとするならば、その神はアフリカ地図をできるだけイギリスの色に塗りつぶすこと、また一方英語を話す人種の統一を促進し、イギリスの影響力をできるだけ世界に広めること、この2つを私の使命と認める神であると思う。

だんだんと重苦しい気持ちになってきた子どもたちに、「人工衛星から写した地球」の写真が掲げられた。そして、人類として初めて月を踏みしめたアポロ11号の飛行士の語った言葉【地球は青くて光っていた。国境は見えなかった】が伝えられた。

私は、次のように話して授業を閉じた。――国境は見えない。しょせん、国境というのは、人間たちが便宜上作ったものに過ぎないんだね。空から見て見えない国境で、人びとはお互いに憎しみ合って、いがみ合っている所もある。一つの国の中でも、一人ひとりの心の中に国境というものがあって、いがみ合っている場合もある。僕の心の中にも、あるいは君たちの心の中にも、見えない国境というものはあるかもしれない。

＊　＊　＊

12歳の子どもが述べる。――わたしは、「国境は見えなかった」という今まで知らなかったことのほうが大事なような気がします。自分の心の中に国境を引いてしまう……。自分は自分、他人は他人だ、という気持ちが、自分自身の中にあることも、やっぱり事実です。わたしは、今日のこの授業で、良いことを知りました。今日学んだことをもとにして、また、自分を高めて行きたいです。

「人びとの暮らし」よりも「国境線」を重んじて、その「線のために多数の命が奪われることはやむなし」と考える世界の為政者たち、とりわけプーチン大統領に、子どもの実直なこの思いを届けたい。

〈2022年5月初稿〉

羽生結弦の氷上の舞い「春よ来い」

――9歳の時の自分に促されつづけた「4回転半アクセル」

羽生結弦選手の北京オリンピックには、3連覇がかかっていた。ショートプログラムで4回転サルコーに挑もうと離氷するが、靴の刃がリンクについた穴にはまって1回転で終わった。思いも寄らないアクシデントでの8位通過となった。

氷に嫌われちゃいました。なんか悪いことしたのかなって思っています。フリーでは氷に引っかからないように、一日一善ではダメで、一日十善くらいしないといけないのかなと思います。でも、もう何も怖いことはありません。――羽生選手はこう話した。

2日後のフリープログラムでは、誰も成し得ていない「4回転半」アクセルに挑み、転倒はしたが動じることはなく、羽生結弦らしい滑りを滑った。演技を終えると、いつも以上に長く客席に礼をして、氷をそっと触ってリンクから上がった。

「このリンクで滑るのは、これで最後だ。ちょっと苦しかったときもあったけれど、やっぱりこの氷は好きだ。ありがとう」という思いでの一礼だと述べる。「4回転半」は公式認定されて高得点が付けられたが表彰台に届くことはなく、4年に一度のオリンピックが幕を閉じた。

＊＊＊

4日後、メディアセンターで記者会見した羽生選手は、次々に出される質問に「ありがとうございます」と一礼し、心の内を率直に語ると、もう一度「ありがとうございます」と記者に感謝の意を伝えていた。このように礼儀正しい記者会見を見たことは、私にはない。外国人記者からの英語での質問には流ちょうな英語で答えていて、さすが〝世界の羽生〟であった。相次ぐ質問への応答の中で、私の心に留まることになったのが、次の質問に対しての応答である。

――羽生さんは王者として、「守る」という滑りではなくて、「攻める」滑りを私たちに見せてくれました。「挑戦する」とは、羽生さんにとってどういうことか教えてください。――

しばらく天井の方に目を遣ってから、羽生選手はゆっくりと話し出した。

――「挑戦」ですね。僕だけが特別だとは何も思っていなくて、みんな生活の中で何かしらの挑戦をしているんだと思います。それが大きいことだったり、目に見えることだったり、そういう違いがあるだけだと思っています。

「挑戦する」っていうこと、それが「生きる」ということだと僕は思うんです。そして、何かを「守る」ことだって、挑戦だと思うんです。だって、「守る」ってことは難しいと思いますし、大変なんですよ。「家族を守る」ことだって、大変なことです。何かしらの犠牲を払ったり、時間が必要だったりもします。だから、何一つ、挑戦じゃないことなんて、存在してないんじゃないでしょうか。――

記者の認識に異を唱えるかのように、「攻める」ことだけが「挑戦」ではなく、「守る」こともとても難しい「挑戦」で、「生きる」ということは「挑戦すること」だと言い切った羽生選手であった。

「守る」ということには確かに消極的な感じがあって、立ち向かって行こうとする気迫を感じさせない。しかし、気を入れて「何か」を守ろうとするとき、そこには「攻める」ときと変わりない張り詰めた気骨が据わっている。このことを、誰もが思い当たるに違いない「家族を守る」という日々を挙げて語る羽生選手であった。

記者の質問を受けてしばらく天井に目を遣ったとき、羽生選手は「自分の4回転半」が「攻める挑戦」と見られていることに思いをはせていたのだろう。それは、記者の次の質問に対して語ったことからの、私の推察である。

というのは、「4回転半」に羽生選手が挑みつづけてきたのは、「9歳のときの自分」が心の中に居て、「お前、跳べよ、跳んでみろよ」とずっと言いつづけてきた。「お前、下手くそだな」と突き放されるたびに、「今度こそは」と挑みつづけてきての、今回のアクセルであった。

跳び終えてホッと息をつくと、「よくやった」とアイツは褒めてくれた。あの「4回転半」はアイツと一緒に跳んだアクセルで、その証拠に、フォームが9歳のときと同じなんですよとさわやかな表情で述べたからである。

羽生結弦にとって「9歳のとき」というのは、全国大会で初めて金メダルを手にした年である。そのときの「自分」が、父・母・姉とともに家族の一人として心の中に棲んで、一緒に生きてきた。「4回転半」は明らかに「攻めの挑戦」ではあるが、アイツの願いを受けとめて誓い合った約束を果たす挑戦でもあった。このように顧みる羽生結弦・26歳である。

＊　＊　＊

バレーボールの荒木絵里香選手はオリンピックに4回出場し、ロンドンオリンピック（12年）では、銅メダルを28年ぶりに日本にもたらす中心的な役割を担った。元ラグビー選手の四宮洋平さんと結婚して和香ちゃんを14年1月に出産するが、数か月後にはトレーニングを再開して、10月に公式戦復帰を果たした。

ジャンプ力は落ちたし、出来ないことが多くなった。しかし、「前の自分」に戻ろうとは考えず、「新しい自分」としてバレーボールに向き合おうと心して、東京オリンピックでは主将を務めてチームを率いた。しかし、予選リーグ敗退となって選手人生に幕を閉じ、今はチームコーディネーターとして後進の育成に携わっている。

インタビュー番組「ここから　荒木絵里香」（ＮＨＫ２０２２年2月23日）があって、バレーボールの練習・試合・海外遠征などに時間を割くなかで、我が子との一緒の時間を大事にしてきた8年間を垣間見せてくれた。

和香ちゃんは、ママが居ない3日とか2週間という日数が分かるようになると、ママを家から出られなくさせようとして、様ざまにワナを仕掛けた。例えば、玄関までの廊下に折り紙を敷き詰めて、どこかで転んで行けなくさせようと仕組んだり、毛糸で玄関のドアをしばって塞いだりしたりした。

泣き叫んでしがみつかれたことは何度もあったが、「何をしたって行くんでしょう」というような素振りを見せて、「行ってらっしゃい」と声にするように変わった。小学生になった娘には、「ママは東京オリンピックでメダルを取るっていう目標があるの。だから、そこに向かって頑張りたいの」と伝えた。

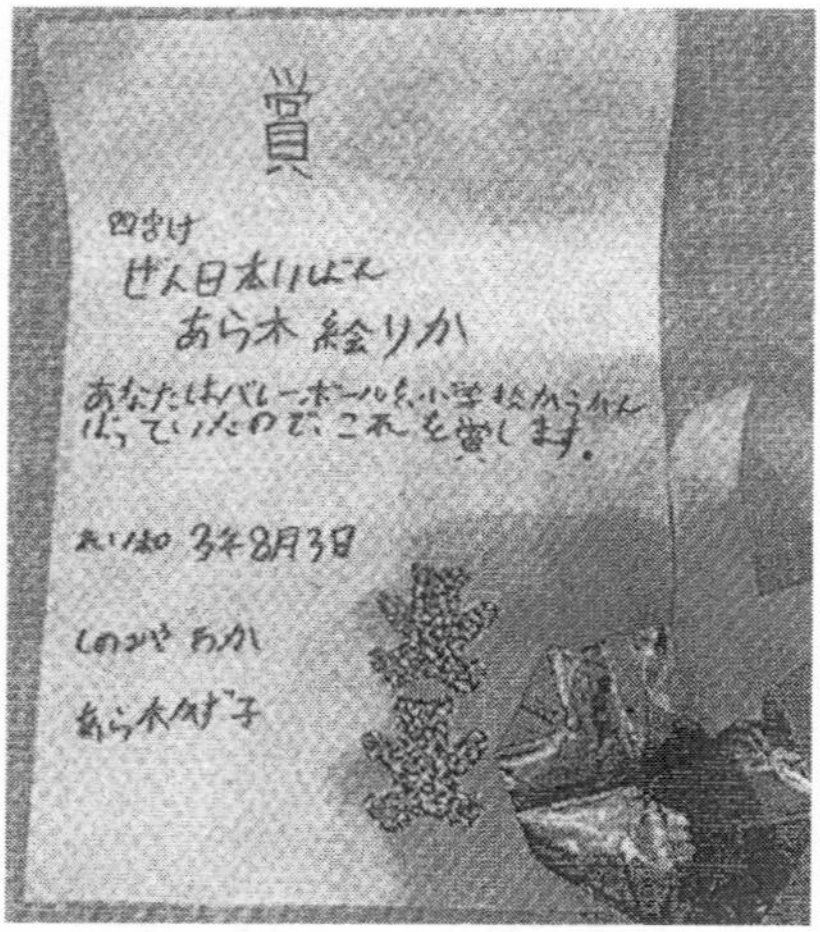

和香ちゃんは、ママの出るオリンピックを家族とテレビで見て応援した。最後の試合が終わって「これでママ、バレーボール選手終わりだよ」と言われると、「バレーボール選手じゃなくなる」って泣いた。家に戻った荒木さんに、娘は手作りの賞状を差し出した。

――賞　四宮け　ぜん日本11ばん　あら木　絵りか　あなたはバレーボールを　小学校からがんばっていたので、これを賞します。　れい和3年8月3日　しのみや　わか　あら木　かず子――　（「あら木かず子」さんは和香ちゃんの祖母）

荒木さんは感極まって賞状を抱きしめた。

――一緒に闘ってここまで来られた。一緒に歩んでくれたことに感謝しかないし、やっぱり結果で伝えたかったという悔しさもありますし、申し訳なさもすごくありました。けれど、娘なりに〝何か〟を感じてもらえたのかなと思いました。――

「〝何か〟って、何だと思います？」と聞かれると、しばらく時間をおいて話した。

――夢中になること、一生懸命やることが伝わっていたらいいなと思います。最近、娘が習い事とかを一生懸命にやって、「これができるようになったよ」とか成長を感じて、それが楽しいってことをすごく話してくれるので、そういうところが伝わったのかなと思いました。

＊＊＊

オリンピックの最終日、羽生選手にはエキジビションで滑る機会が与えられた。「弓弦」という名は、「弓の弦を結ぶように凛とした生き方をしてほしい」という父の願いが込められている。その弓弦選手が氷の上を舞うように滑った滑りは、ピアノ曲「春よ来い」（松任谷由実作曲・清塚信也アレンジ）に乗ってであった。コロナ禍が一日も早く終息して、また、ウクライナに平和が戻って素晴らしい春が訪れることを祈っての滑りのように、私には思えた。

オリンピックが終わって5か月後、羽生結弦選手は記者会見で、「まだまだ未熟な自分ですけれども、プロのアスリートとしてスケートをつづけていくことを決意いたしました」と語った。そして、「4回転半ジャンプにもより一層取り組んで、成功させられるように頑張っていきます」と付言した。

〈2022年4月初稿〉

東日本大震災の遺構と「ど根性ひまわり」の生育

東日本大震災が２０１１年３月11日に起きて、12年の月日が経った。あのときの壮絶であった記憶（千葉の地で身を持って体験したことやテレビの映像で目に焼きつけたこと）は、年を経るごとに薄まってきている——。

東京電力の福島第一原発の炉心溶融は、これから生まれ来る生命までも侵しつづける深刻な事態と認識され、世論は原発依存の政策の見直しを求めた。放射能に汚染されている炉内の廃水は浄化されつづけ、貯蔵タンクはすでに１０００基（総容量約１３７万トン）を超えた。

希釈されるので安全基準に合致することの報告書が、ＩＡＥＡ（国際原子力機関）より岸田文雄総理大臣に提出された（７月４日）。処理水の海洋放出は８月24日より開始されたが。世論調査では「大きな・あるいはある程度の風評被害が起きる」と憂える人は88％を超えている（共同通信全国電話世論調査・８月19～20日）。

エネルギーの安定供給や脱酸素化に、どう対応していくか。その施策については、ＧＸ（グリーントランスフォーメーション）実行会議が議論を重ねてきた。岸田首相はその会議で、原発依存脱却というこれまでの方針を転換すると表明した（23年１月）。福井・宮城・島根・新潟・茨城の各県にある計7基の原発を再稼働して、原子力発電を最大限に活用するという新たな方針は閣議決定された。

原子力規制委員会はこの新方針を受けて、原発の60年超の運転を可能とする法律の改正案を決定した（委員6人のうち1人は反対）。そして、朝日新聞の世論調査（2月18日）では、再稼働賛成が51％で、賛成が過半数を超えるのはあの事故以降初めてとなった。

＊＊＊

大震災で家族を喪い家屋を流された被災者は、当時の遺構が目に入るとフラッシュバックする。このような惨劇が2度と起きないように手を尽くすのが、政治家の務めである。記憶が風化すると、私たちの判断は弛緩し、タガが緩んでいく。遺構と正対する場が設けられていないと、大震災を畏怖する思いはいつか消えて新たな惨事を招きかねない。

児童74名・教職員10名の命が絶たれた大川小学校の校舎は、痛ましい遺構として撤去も検討されたが、祈りを捧げる「震災遺構」として、大川震災伝承館を併置して遺されることになった（21年7月）。

――ここは多くの命が波に飲まれていった場所です。悲しみ、後悔、恐怖が渦巻く場所です。でも、できれば多くの皆さんに向き合ってほしい場所です。大好きな大川、大好きな大川小学校を走り回る子どもたちをイメージしてください。目を凝らし、耳を澄ませば、見えてきます、聞こえてきます。（パンフレット「大川小にお越しの皆様へ」）

門脇小学校も「石巻市震災遺構門脇小学校」として遺され、あの日のままの教室を目の当たりにすることができるようになった（22年4月）。

——自然がつくりだしたこの世界で　未来をそうぞうし　生きることができるのが人間です　そして　判断し行動できるのも人間です　ときに大事なことを見失い　気づけなくなることの　おそろしさを知ってほしいのです　なぜ　一番大切なものが見えなくなるのかを考えてほしいのです。（パンフレット「石巻市震災遺構門脇小学校」）

岩手県では、陸前高田市が「奇跡の一本松」の傍に「東日本大震災津波伝承館」を開設し（19年9月）、気仙沼市は4階まで被災した気仙沼向洋高校旧校舎に入って、〝あの日〟にタイムスリップできる遺構とした（19年3月開設）。ここの伝承館を訪れた人の口コミ投稿には、次のようなものがある。

〇今なお潮のにおいがします。体験しなかった者にとっては、この施設が一番津波の恐ろしさを伝えるにはふさわしい場所だと感じました。たくさんの意見があると思いますが、辛い思いをされた方々にとっては複雑だと思います。ただ、知るため、学ぶためには残して頂きたい施設です。

〇子どもと一緒に行きました。テレビなどで見聞きするより、実際にその場に立つと言葉になりませんでした。辛いですが、後世に語り継ぐ為に必要な遺構だと思いました。

＊＊＊

歌手のメティス（Metis）さんは、大震災が起きて1か月後、宮城県七ヶ浜町の避難所を慰問した。被災地を歩いていると、ガレキの中にグランドピアノがバンと置かれていた。鳴るかどうか鍵盤を触るとギーとかボロンとか鳴って、その「音色が悲しかった」。

持ち主は櫻井由美さんで、ピアノは高校進学の時に父が贈ってくれた。2階に置かれていたが家ごと津波に圧し倒されて、数メートルも流された。「思い出に鍵盤1本くらいは取って置きたい」が、「あとは家と一緒に壊してガレキとして処分するしかない」と考えての廃棄となった。

メティスさんから「修復しましょう」と誘われたが、それは無理だと思って気乗りがしなかった。130軒に断られつづけたが、修理歴40年の横浜の松木一高さんが請け負ってくれることになった。「まあ見たこともないさび具合で、解体すると大量の砂が溜まっていて、再利用できる部分はほとんどなかった。しかし、やってみないと分からないし、『いい音になりました』と言ってもらいたい」。

そこで、松木さんはボディの傷はあえて残して、音源部分はドイツから最高級の部品を取り寄せて半年かけて修復した。再び響くことになった音色に、櫻井さんは涙があふれた。鍵盤の真ん中の「ファ」は白鍵の先が欠けて屋根にも足にも傷を残すピアノは、西城秀樹の「傷だらけのローラ」にちなんで「ローラ」と名づけられた。復興のシンボルとして人びとに演奏され、勇気と希望を与えることになった「ローラ」である。

仙台空港は、東北初の国際空港として１９５６年に開港した。海から1・4キロの地にある空港には、あの日3ｍを超える津波が押し寄せてきて、乗客やスタッフは最上階に避難した。復旧作業には1年以上がかかり、全路線の開通は２０１２年7月であった。

21年2月、仙台空港は「震災10年メモリアルプロジェクト」を催し、その一環として「復活ピアノ」の披露演奏を行った。その後も3月11日を挟んで期間限定で設置して、仙台を訪れる人や仙台を旅立つ人に演奏の機会を提供してきている。

ＮＨＫ・ＢＳの「空港ピアノ」は、3度にわたって番組を放映した。神戸から訪れた英語塾講師（男性）は、坂本九の「上を向いて歩こう」を弾いて震災に遭遇した思いを共有した。ニューヨークを中心に音楽活動をしていて、家族と1週間連絡がつかなかったジャズピアニスト（気仙沼出身・女性）は、その折りに作曲した「Prayer～祈り～」を弾いた。

北海道から帰仙した大学生（男性）は、ベートーヴェンのピアノソナタ23番「熱情」を力強く弾いた。震災が起きたのは小学校の授業中で、このとき初めて「死」を意識した。津波に呑みこまれる町の光景には、涙が止まらなかった。北海道の大学に入学したが、仙台に戻るたびに震災を思い出し、活気が戻らずにいる海辺の町を歩くと寂しさにつつまれている。

運送会社の事務員（女性）は、近々結婚する男性と訪れて、イーグルスの「デスペラード」

を弾いた。震災の時は高校生で東松山の自宅に居て、家族と逃げた避難所から街が津波によって流される光景を目の当たりにした。大好きだったピアノの先生が津波に呑まれたと知って、ピアノが弾けなくなった。震災が起きてから大好きだった海に行けなくなっていると、男性が言葉を継いだ。

文部省唱歌「故郷《ふるさと》」を弾いたピアニスト（女性）は、震災時は仙台の大学の音楽科に通っていた。仲間と一緒に被災地を回って慰問した際、「故郷」を弾くと、泣き出す人がいた。「ありがとう」と感謝されると、自分でもできることがあると知り、ピアノの音色でいろいろな人生に寄り添いたいと思うようになった。

メティスさんが櫻井由美さんと訪れ、震災後に作詞作曲した「みんなを照らせ」を、櫻井さんのピアノ伴奏で歌った。――大人も子どもも動物も　みんなみんな支え合いながら　一生懸命生きている輝くこの太陽は　みんなのものだから　楽しい思い出明日もつくろう　今は振り向かないよ　決して振り向かないよ　一日が始まろうとしている　おはようおはよう　笑顔がいっぱい　今日より明日はもっと笑って歩いて行こう　歩いて行こう　青空の下　みんな一緒に　青空の下　みんなで生きて

＊＊＊

震災の5か月後（8月12日）、私は腐った魚の匂いがまだ残る石巻市を訪ねた。門脇小学校に向かう県道の海側には被災した車が１００台近くもゴタゴタと捨てられていて、用を果たさ

なくなった暮らしの物々があちこちに集積されていた。その道筋に、流木で造られたという看板「がんばろう！石巻」が立っていた。

その看板の裏手に、ひまわりが茎を伸ばしていたことを、最近になって知った（山崎雅昭『ど根性ひまわり写真集〜東日本大震災被災地の復興を願って〜』）。どこからか津波に運ばれてきたひまわりの種が、ここで花を咲かせようと根を張り出していたのだ。

石巻の人たちに勇気と希望を与えることになったこのひまわりは、「ど根性ひまわり」と名づけられた。その種は全国各地そして世界の人たちの手にわたってきて、この夏には「13世」が花を咲かせるまでになった。

茨城県龍ケ崎市に住む山崎さんは「ど根性ひまわりを育てようプロジェクト実行委員会」を立ち上げ、市内のコミュニティーセンターなどで種を配布した。家族みんなの世話で30㎝もありそうな大輪を咲かせた人がいるし、毎年種を採って育てている保育園もある。

山崎さんは述べる（『２０２０　ど根性ひまわり写真集４＆茨城発災害ボランティアバス10年の軌跡写真集』「あとがきにかえて」）。

——震災から時が経つにつれて、人々は震災のことや被災地の方々のことを忘れてしまいます。それは仕方のないことですが、震災のことは忘れないで欲しいと思います。今私たちにできることは、震災当時小さかった子どもたちや、その後生まれてきた子どもたちに震災のことを伝えていくことです。

被災地の方々は二度とこのような思いをしたくない、他の地域の人たちに同じような思いをしないで欲しいと願っています。（中略）当時は思い出したくないと、口を閉じていた人たちが今語り始めています。ありがたいことです。それに耳を傾けたいと思います。

―

ネット上には、「ど根性ひまわり」を紹介する各地の写真があふれている。私は山崎さんから50粒の「13世」を戴くことができ、学校の要所に種をまいて、ひまわりが咲く日を待った。次ページに、千葉経済大学附属高校のキャンパスに咲いた「ど根性ひまわり13世」の写真を載せる。

〈2023年3月初稿〉

第3章　「令和の日本型学校教育」改革は子どもの知を磨くか

「学びの質の深さ」を不問にする「令和の日本型学校教育」改革

平成28〈2016〉年の中教審答申は、小中高校が目指す授業を「主体的・対話的で深い学び」と掲げた。その提言を踏まえて学習指導要領が改訂され、授業の改善に取り組み始めた令和3（21）年1月、中教審は「2020年代を通じて実現を目指す学校教育」は「令和の日本型学校教育」であるとの、新たな答申を発した。

学習指導要領を踏まえた授業を展開するにあたっては、「全ての子供たちの可能性を引き出す〈個別最適な学び〉と〈協働的な学び〉」の一体的な充実を期すという提言である。新たに掲げられた2つの学びは、「主体的・対話的な学び」に別角度から光を当てたものと考えられる。

ところで、前答申が「深い学び」という文言を指針に加えたのは、「アクティブ・ラーニング」が「表面的な活動に陥ってしま」っていて、学びの質が軽んじられている深刻な状況に鑑みてであった。しかし、今回の答申では、授業の質に目を向ける「深い学び」という視点は消えた。前回答申を引用する箇所を除けば、「深い」という言葉を見出すことはできない。

「令和の日本型学校教育」改革の目玉となっているのは、一人一台の端末を活かして行う

「個別最適な学び」である。また、働き方改革による教師の職務軽減についても、紙幅が割かれている。

＊　＊　＊

「きょうどう」という言葉を耳にしたとき、私たちが思い浮かべる熟語は「共同」か「協同」で、「協働」を挙げる人は少ないであろう。

辞書にあたってみると、「共同」は「立場が対等である者同士が、力を合わせて物事に取り組むこと」を指していて、私たちには「共同募金」が馴染み深い。「協同」という言葉は「物事を心と力を合わせて行おう」とする思いを込めていて、そのことは「産学協同」といった熟語から分かる。「協働」が用いられるようになったのは近年のことで、互いの強みを出し切って目標を達成しようとする意気込みが強調されている。

「令和の日本型学校教育」改革が目指す授業は「協働的な学び」であって、「共同的な学び」や「協同的な学び」ではない。「あらゆる他者を価値のある存在として尊重」して、「探求的な学習や体験活動」などを通じて「様々な社会的な変化を乗り越え、持続可能な社会の創り手」として備えるべき「資質・能力」を育む。それが「協働的な学び」の眼目である。

したがって、教師は「集団の中で個が埋没してしまうことがないよう」に心を配り、一人ひとりの子どもの「よい点や可能性を生か」して、それぞれの「異なる考え方が組み合わさ」れて、「よりよい学び」が生み出されるように授業を運ぶ。「同じ空間で時間を共にすることで、お互いの感性や考え方等に触れ刺激し合う」学びの実現である。

ここで、思い起こさなければならないことがある。アクティブ・ラーニングを提唱してその推進に力を注いだ溝上慎一さん（当時は京都大学教授）が、その現況を参観して嘆いた次のような指摘である。

つまり、グループ・ディスカッションでは、「その場で思いつくことだけ」が飛びかっていて、「教員の介入も十分に」されていない。「批判的な検討」が加えられないので、「内容の深まり」が見られないやりとりとなっている。発表学習では、「ちょっとインターネットで調べて集められる情報」を「パワーポイントのスライド上に並べ」ているだけで、「元気に発表している」ように見えても、「たいした吟味や検討を重ねた跡もなく、表面的なものとなって」いる。（『アクティブラーニングと教授学習パラダイムの転換』東信堂）

当時、初等中等教育局視学官であった田村学さんは、「表面的なペアの話合いや形だけのトリオの意見交換などを、ただやっていればよいというわけではない」と警鐘を鳴らした（『深い学び』（東洋館出版社）。

したがって、「令和の日本型学校教育改革」の核の一つに位置づけられる「協働的な学び」が、カタチだけの薄っぺらな活動になってはならない。ファシリテーターとか教育コーチに成り下がった教師が、実りの乏しい、平板に進んでいく話し合いを傍で眺める。そういう空疎な空間を教室に作ることになってはならない。

＊＊＊

弦楽四重奏は、第1・第2ヴァイオリン・ビオラ・チェロの奏者4名によって演奏される。「クラシック倶楽部」（NHKBSプレミアム・2021年7月19日）は、アマリリス弦楽四重奏団の演奏会を放映した。

リーダーを務めるフリーリングハウスさん（第1ヴァイオリン）は、次のように語った。

――自分の意見を言うことは大事なんだけれど、人の意見を聞くことも大事。そういう意味で、非常に勉強になります。カルテットという形はオーケストラの曲を4人で弾くんですが、指揮者がいないという状態で、みんなで決めて、今はこの人が大事だからこの人を支えなければいけないと、ものすごく短いスパンのなかで、感覚で読み合って演奏していくんです。音楽で説明し過ぎるとダメになってしまうので、あまりしゃべらないように、なるべく言葉にしないで進んでいくんです。

ビオラ演奏者の赤坂智子さんは述べる。

――言葉なしに自然に4人の音楽が溶け合う、その瞬間が最高なんです。練習と経験の積み重ねの末にたどり着く、至福の時となります。4人の呼吸が合った瞬間、苦労が報いられたと感じるのです。――

楽団名の「アマリリス」は、言葉の響きが美しくて世界の何語でも発音しやすいことから選ばれた。開花すると4枚の花びらをもつことが多いこの花のように、4人の奏者のそれぞれの個性が活きた演奏を届けたい。そう願っての命名である。

「クラシック倶楽部」（21年6月24日）は、ピアニストの小山実稚恵さんがアルティ弦楽四重奏団と行った演奏会を伝えた。

小山さんは述べる。

――ピアノだけと対話していると、どうしても自分の音楽がピアノをもとにしてつくった音楽になりそうになってしまうんですけど、こういう素晴らしい演奏家の方たちと一緒だと、「もしピアノがどうでもできる楽器だったら、こう弾きたかった」というフレーズが、いっぱい出てくるわけです。／そういうとき、ふっと自分の音楽を見直すきっかけになったり、想いを合わせる喜びを味わったり、自分がほんとうに好きだったものに立ちかえるチャンスをもらえたりします。想像力が広がっていく、いろんな魅力があるのでこういう演奏は大好きです。――

第1ヴァイオリン奏者の矢部達哉さんは述べる。

――カルテットとクインテットとは全然違うものかもしれないんですけど、小山さんと一緒に弾くときはその延長線上で、ピアノが奥行きを深めて彩りを加えていただけているような、そんな感じで弾いていました。――

＊　＊　＊

授業では、4人か5人でグループを組んで学習することが多い。いくつかのグループに分かれて行われるこの空間には、カルテットやクインテットで演奏している音楽家のあいだに漂うような空気が流れていたい。思うこと考えることを率直に出し合って、この仲間と頭を絞り合ったことで新しい思考が生まれた。――そういう誇りが感じ合える時間を過ごしたい。

自分を覆っていた殻を潔く脱ぎ捨てて新しい「自分」に出会う、仲間の「知」に触発されて目が覚めていく。そういう瞬間がグループ学習の中に、そして一斉授業の中に生じるとき、子どもたちは学んでいることに仕合わせを感じる。

先行き不透明で予測困難なSociety5.0時代を生き抜く知力は、このような「協働的な学び」が重ねられることによって少しずつ培われていく。「深い学び」という視点は答申から削除されたが、「個別最適な学び」と「協働的な学び」を噛み合わせて「学びの質」を高めていかないと、「令和の日本型学校教育改革」は萎んでいく。

〈２０２１年10月初稿〉

教師は豊饒な「教える」から遠ざかっていいのか

アクティブ・ラーニング（能動的な学び）への転換を掲げた授業改革は、グループワーク等の〝授業形態の導入〟に流れて、「活動ありしも学びなし」の状況を招き寄せることになった。学びの質が軽んじられるこの風潮には、何とか手を打たなければならない。文部科学省は指針を「主体的・対話的で深い学びに向けた授業改善」とあらためて、新学習指導要領を改訂した。新たに出された中教審答申「令和の日本型学校教育の構想を目指して」は、随所で「新学習指導要領の着実な実施」を強調していて、副題に「全ての子供たちの可能性を引き出す、個別最適な学びと、協働的な学びの実現」と謳う。

授業改善の基調を変更する意図はないと記載するが、【令和の日本型学校教育改革】は授業改善の力点を「主体的・対話的で深い学び」から「個別最適な学びと、協働的な学び」へとシフトさせたものと考えていい。

＊　＊　＊

この教育改革の先導役を担ったのは、経済産業省である。奈須正裕さん（上智大学総合人間科学部教授・中教審教育課程部会委員）によれば、同省の提言を文部科学省の中央教育審議会が「より教育学的な視点」から「再定義」して答申することになった（「New Education Expo 2021東京」での講演）。

経済産業省が「商務サービスグループ　サービス政策課　教育産業室」という一部署に、『未来の教室』とEdTech研究会」を設置したのは18年1月である。同研究会は、教育学者・教育長・学校長を含めた15名を諸分野から選任して急ピッチで意見を取りまとめた。

19年6月に公表した第2次提言『未来の教室』ビジョン」は、第1章『令和の教育改革』に向けた課題」の第1節「平成から令和へ：今の日本の実力を直視する」で、日本経済が直面する情勢の深刻さを次のように指摘する。

――世界で急速に進む、デジタル技術革新を核とした産業構造の変化に、我が国がキャッチアップできているかといえば、そうとは言い難い。その結果、世界的な構造変化への対応は遅れ、日本の産業はかつての国際競争力を喪失した。――

この難局を打開するためには、どうしたらいいか。メスを入れることにしたのは、人材の育成が「Society5.0時代」に追いつけずにいる学校教育である。「EdTech（エドテック）」というのは、EducationとTechnologyを組み合わせた造語で、テクノロジーを活用して「個別最適な学び」を実現することを意味している。

もう一つ、文部科学省の動きが鈍いことにしびれを切らしてきた行政府がある。それは内閣府で、13（平成25）年に「21世紀の日本にふさわしい教育体制を構築し、教育の再生を実行に移していく」ことを趣意に掲げて、教育再生実行会議を設置した。

同会議は19年5月、経済産業省の前述の提言と軌を一にするように、第11次提言「技術の進展に応じた教育の改革、新時代に対応した高等学校改革について」を公表した。高校教育改革をターゲットにしてはいるが、小中学校の教育も視界に入れていて、「一人ひとりの能力や適性に応じて公正に個別最適化された学び」と、『誰でも』『いつでも』『どこでも』主体的に学び続けることのできる環境」の実現を提唱している。

中教審はこの二つの先導のもとで審議を重ね、20年9月に「中間まとめ」を公表した。答申の素案の作成を委ねられた初等中等教育分科会の教育課程部会は、「審議のまとめ」で次のように述べる（21年1月）。

――今後の教育課程の在り方を考えると、（中略）新たに基盤的なツールとなるＩＣＴも最大限活用しながら、多様な子供たちを誰一人取り残すことなく育成する「個別最適な学び」と、子供たちの多様な個性を最大限に生かす「協働的な学び」の一体的な充実が図られることが求められる。――

こうして、前述の中教審答申に至ることになった。

――一人一台の端末環境を生かし、端末を日常的に活用することで、ＩＣＴの活用が特別なことではなく、「当たり前」のこととなるようにするとともに、ＩＣＴにより現実社会で行われているような方法で児童生徒も学ぶなど、学校教育を現代化することが必要である。

文部科学省は直ちに「GIGAスクール構想」（19年12月提唱）の実施工程を前倒して、高速大容量の通信ネットワークと一体化する整備事業に取りかかった。総額4610億円に上る予算で配備が終えられた公立小中学校での〝合言葉〟は、「タブレットは文房具」である。答申文中から抜き出されたこのキャッチコピーは、Society5.0時代を生きる子どもたちと教師たちの意識を変容させるにふさわしい。タブレットという端末が鉛筆やノートなどとともに、「学び」に不可欠な道具に加わることになった時代の到来である。

＊＊＊

産業革命を経て訪れた工業化社会（Society3.0時代）によって、人びとは一定の品質の商品とサービスを大量に安く手に入れられるようになり、生活環境が大きく向上した。情報革新の急速な進展によって情報化社会（Society4.0時代）に移行しているこんにちも、社会の根幹に変わりはない。

工業化社会を象徴するコードは「規格化・分業化・同時化・集中化・極大化・中央集権化」（西川純『個別最適化の教育』学陽書房）で、それに「情報化」が加わってこんにちに至る。日本の学校教育はこれらのコードを巧みに活かして、「一律・一斉・一方向の教育（前掲『『未来の教室』ビジョン）を全国に行き渡らせた。『『みんなと同じことができる』『言われたとおりにできる』上質で均質な労働者の育成」（中教審答申）が、高度経済成長に寄与する一要因となった。

しかし中教審答申は、日本のこれまでの学校教育の陥穽を次のように指摘する。

――「正解（知識）の暗記の比重」が大きくなり、「自ら課題を見つけ、それを解決する力」を育成するために他者と協働して行う学びが、十分になされずに終わっているのではないか。――

この指摘は正鵠を得ている。「学び」の歩調を一律に管理し、口頭で説明したことを板書してノートさせ、その知識の正確な暗記を課してきたからである。

「Society5.0時代」では、「社会の在り方そのもの」が「これまでとは『非連続』と言えるほど劇的に変わる」ので、「答えのない問いにどう立ち向かう」かが問われる。これからの学校教育が基幹に据えなければならないのは、「目の前の事象から解決すべき課題を見いだし、主体的に考え、多様な立場の者が協働的に議論し、納得解を生み出す」学びの実現である。

そのような教育を行うにあたって教師に求められるのは、どのような資質や専門性となるであろうか――。奈須正裕さんは前掲の講演で、教師の役割には「これまでの児童生徒を教え導く」ことに加えて、児童生徒の「学びの支援者という役割」が加わると述べる。

アクティブ・ラーニング推進の旗手を務めた西川純さん（上越教育大学教職大学院教授）は、自身が推進してきた『学び合い』の実践を踏まえて直言する。つまり、学習する内容が学習指導要領に「縛られ」ることがなくなる「個別最適化された教育」の場では、子どもは自分の

「意思」で「自身が決めたペースで、様々な場所（ネットを含む）」で学んでいく。教師に求められるのは、個々の学びを支援する「総合的な学習サポート」であって、〈先生〉というのは「教科を教える人」から「子ども集団を健全に維持管理する人」へと身を転じる。

中教審答申は少し趣を変えて、教師に求められるのは「子供の主体的な学びを支援する伴走者」だと指摘する。「伴走者」と言われて思い起こすのは、小泉周二さんが実体験に基づいて綿引弘文さんに語ったことである。──視覚に障害のあるランナーを「伴走」できる人は、フル・マラソンが走れる人です（『教えない「教える授業」』一莖書房）。

＊＊＊

「教師がトーク＆チョークで教えているレベルのことは、ネット動画で十分」であり、「おそらくネット動画のほうがわかりやすい」──西川さんが述べるとおりである。教師から一律に与えられてきたKnown Questionの答えは、タブレットから自分のペースで効率よく入手して、それが重要と考えれば記憶すればいい。

しかし、Society5.0時代には、想定できなかった事態が次々に生起する。誰もが首をひねってしまうUnknown Questionの解は、タブレットを開いてもどこにも書かれていない。脳ミソをたっぷり使って解の糸口を探し出し、知恵を絞ってしぶとく考え合っていかなければならない。

そういうUnknown Questionを解くための、知的な稽古場が授業となる。教師は多面・多層から教材研究したことを活かしながら、子どもたちと同じ土俵に上がってUnknown Questionと取っ組み合っていく。そういうぶつかり稽古を積むことで、Society5.0時代を生き抜く知力が磨かれていく。薄っぺらでカタチだけの「協働的な学び」を重ねていくことになってはならない。

中教審答申は、教師が肝に銘じなければならないことを2点挙げる。第1に「個別最適な学び」を「孤立した学び」に陥らせないこと、第2に「協働的な学び」の「集団の中で個が埋没」してしまうことがないようにすることである。副題に「全ての子供たちの可能性を引き出す」と謳う答申としては当然の、すべての教師に対する忠告である。

〈２０２１年８月初稿〉

斎藤喜博の「組織学習」

――「個別最適な学び」と「協働的な学び」の行き先

中教審答申が求める「個別最適な学び」の推進は、今後、大きな波紋を投げかけることになりそうだ。西川純さん（上越教育大学教職大学院教授）の紹介する次のような授業が、モデルとされていくように思えるからである（『個別最適化の教育――人生１００年時代を生き抜く子を育てる！』学陽書房）。

その授業は、数千人の教師たちと20年以上にわたって実践し検証してきたという『学び合い』で、答申の提示する教育に「もっとも近い」と西川さんは自負する。

①　教師から課題を与え、「全員が自分の課題を達成するのが目標」と伝える。（5分以内）
②　「さあ、どうぞ」と動くことを促し、子どもが動く。（約40分・小学校は35分）
③　成果を振り返る。（5分以内）

この授業では、「9割は自習時間」となっている。教師に与えられた課題をもとに設定した

「自分の課題」を、わからないことがあれば友達に聞き、得意なことは教え合って進めていく『学び合い』である。

教師の立ち位置は「野球部の練習中の監督」に近いと、西川さんは言う。個々に行われている勉強の様子をじっと見ていて、必要があれば質問や投げかけはするが、板書はしないし発問もしない。授業終了5分前になったら「自習時間」は打ち切って、気づいたことを話し伝えて「学び」の評価をする。

別の著書で、西川さんは次のようにも述べる。――アクティブ・ラーニングでは、個別指導をしません。間違っている子どもの脇で渋い顔をして、「うーん、3番が間違ってるな〜、その問題を解けている子はクラスにいっぱいいるんだけどな〜」と大き目な声でつぶやくのです(『すぐわかる! できる! アクティブ・ラーニング』学陽書房)。

「わいわいと話し合っている」ように見える時間はせいぜい6、7分ほどで、たとえ机をくっつけて座っていても、「自分一人で黙々と作業」を行っている。「わからないときは質問」するが、「わかれば自分で作業」する。それが子どもというものだと西川さんは教える。

「どのように学ぶか」を子どもたちに任せると、やがて自身に合った「学習課題」を「発見していく」し、「チームとしてお互いにもっと助け合うことを考える」ように変わってもいく。

「学力向上の最大のポイント」は、教師の教材研究が深いとか発問が的確であるといったところにあるのではなくて、「本人が学力を向上させたいと願う」ことに尽きると、西川さんは強調する。

この『学び合い』の呼びかけに心を動かされ、自分も「野球部の練習中の監督」のようになろうと思う教師が出て来るにちがいない。

＊　＊　＊

「令和の日本型学校教育」改革が掲げる「個別最適な学び」は、いったい、どのような授業を指しているのだろうか。答申はまどろっこしい説明を行っているが、要するに、教師視点で整理した「個に応じた指導」（指導の個別化と学習の個別化）を、学習者の視点で言い換えたものが「個別最適な学び」と称されているようだ。

教師は「子供一人一人の特性や学習進度、学習到達度等」に応じて、「指導方法・教材や学習時間等の柔軟な提供・設定」を行い、「一人一人に応じた学習活動や学習課題に取り組む機会」の提供に努め、「子供自身が学習が最適となるよう調整」できるように育てていく。ここまでの説明から判断すれば、西川さんの『学び合い』は、中教審答申の述べる「学び」にきわめて近いと言える。

しかし、同答申はさらに述べる。――教師に求められるのは「これまで以上に子供の成長やつまずき、悩みなどの理解に努め、個々の興味・関心・意欲等を踏まえてきめ細かく指導・支援」することであって、子どもが「自らの学習の状況を把握」して、「主体的に学習を調整することができるよう促していく」ことである。

したがって教師は、野球部員の練習をベンチに座って見ていて、最後に気づいたことを話して終えるような監督であっていいわけがない。そしてまた、指摘しておかなければならないことがある。西川さんが譬えに用いる「野球部の練習中の監督」は、以前勤務した都立高校で目にした監督を指しているのだろうが、全国の大方の野球部監督は憮然とするにちがいない。

野球部に限ることではなくて、高校の部活動の監督は部員一人ひとりの「成長やつまずき、悩みなど」を驚くほど的確に掌握していて、それぞれが秘める力を発揮させるにはどうしたらいいか頭をひねっている。選手への指示や指摘は、具体的な場面を捉えて発せられたときに腹まで届く。その端的な言葉は当人ばかりでなく多くの選手の胸に刻まれて、監督の期待に応えようと気を引き締めることになる。

＊　＊　＊

斎藤喜博さんは師範学校を卒業した１９３０年（昭和5年）、19歳で玉村尋常高等小学校尋常科に赴任した。その当初から、「子どもたちの持っている可能性を引き出し拡大」していくには、どのような学習形態を導入すればいいか、大正新教育を牽引した木下竹次さんの『学習原論』などに示唆を受けたりして模索を始めた。

52年（昭和27年）、41歳で島小学校校長となると教師たちと実践的な研究を推し進め、「個人学習・組織学習・一斉学習・整理学習」という4段階の学習形態にたどり着くことになった（『授業の展開』国土社・昭和39年）。

第2段階の「組織学習」は、斎藤喜博教授学の髄に当たると言って差し支えがない。「自分一人の学習を、学級の仲間や教師とつなげながら、拡大したり深化したり、変更したりして」、「中心は一人にあるが、部分的にであっても他の人間と交流しながら自分の学習を深め」、一斉学習に向けた地ならしをする「組織学習」である。

この学習時の子どもたちを見ると、多様な形態を取って「学び」を深めている。一人で机に向かって本を読んでいる子がいれば、ノートに自分の考えを書いている子がいる。二人で話し合っている子がいれば、何人かで集まって考え合っている姿もある。また、先生の所へ行って話を交わしている子もいる。

それぞれのその学びは「つぎつぎと変化し動いて」いって、考えたり思ったりしたことがノートに「つぎつぎと書き加えられたり、◎とか△とかのしるしがつけられたりして」いる。友達や教師とのつながりの中で、頭の中が「だんだんと整理されたり修正されたり拡大されたり」していくその〝足跡〟が記されるノートとなる。

学習を組織するために教師は何をするか。斎藤さんは『授業の展開』で12ページにわたって詳述し、写真集『斎藤喜博の仕事』(国土社)ではその要旨を簡明に述べて、武田常夫さんが行う「組織学習」での写真を5枚掲載した。教師が子どもたちの中に溶け込んで、それぞれの学びと〝密に〟接しているこの教室は、西川さんの行う『学び合い』の教室では絶対に目にすることができない。

今から50年以上も前に群馬県の農村の島小学校で、それぞれの子どもが多様な交流をしながら「自分の学習を深め」、「拡大したり、深化したり、変更したり」していく「学び」が実践されていたのである。

補足すれば、前掲の4段階の形態は、どの教科や教材であっても必ず踏むものではなかった。ある教材の場合は一斉学習だけで

済ませたり、組織学習だけで済ませたりした。しかし、どのような場合であっても、「最高の内容を最高の形式に盛る」という構えで授業を組織化していくことに変わりはなかった（『教育学のすすめ』筑摩書房）。

斎藤さんが「組織学習」で行うこととして掲げる教師の次の6つの「教える」（前掲『斎藤喜博の仕事』）には、答申の述べる「個別最適な学び」の趣意が踏まえられているではないか。

① 一人ひとりや何人かの子どもが学習しているところへ行って、指示したりヒントを与

えたりする。

② 教師のところへ質問や意見を持ってくる子どもといっしょに考える。

③ 課題や問題のつくれない子どもには、ヒントを与えたり、課題をつくってやったりする。

④ 子どもの考えを発展させるために、同じ考えのものとか、反対の考えのものとかを紹介してやり、その子ども同士がいっしょに考えるようにしてやる。

⑤ 意味のない問題をやっているときとか、その段階で明らかにしてしまったほうがよい問題とかは、その子どもにはっきり云ったり、もしくは全体の前に出して解決してしまう。

⑥ 全体の子どもの学習の状況をみて、ここではっきりさせたほうがよいと思うことは、教師が全員にはっきりと説明する。

＊＊＊

公立小中学校への一人一台の端末と高速大容量の通信ネットワークを一体的に整備する補正予算が閣議決定されたとき、萩生田光一文部科学大臣はそのことの意義を伝えるメッセージを発した（「子供たち一人ひとりに個別最適化され、創造性を育む教育ＩＣＴ環境の実現に向けて～令和時代のスタンダードとしての一人一台端末環境～」２０１９年12月19日）。

その中で大臣は言明した。――「これからの学校教育」は「これまでの我が国の150年に及ぶ教育実践の蓄積の上に、再先端のICT教育を取り入れ、これまでの実践とICTとのベストミックスを図っていく」ことによって「劇的に変わります」。

つまり、学校教育が令和時代に「劇的に変わる」とすれば、それは〈最先端のICT教育環境〉がこれまでに〈蓄積されてきた優れた教育実践〉と「ベストミックス」されたときだという認識である。

すでにSociety5.0時代に入っているこんにち、一定の知識を一斉にそして同時に伝達していく〝Society3.0時代の授業〟から脱しなければならない。知っておきたい知識や知りたい知識(Known Question)は、家でも学校でも授業の最中でも、タブレットに当たったりして個々が確かめ、それでも分からなければ友達に聞いたり教師に尋ねたりして理解する。それは至極当たり前の学びとして日常化させる。

しかし、授業というのはそういうものではない。覚えさせたい知識を次々に授ける時間ではないし、自分なりに設定した課題を端末で調べて知る時間でもない。タブレットや参考書などに当たってみるが、どこにも書かれていないので頭をひねらざるを得ない。そういうUnknown Questionと対峙して、知恵を絞り合って追究する。それが「授業」というものである。

意見がぶつかりあうと思考が混迷してしまうし、思いも寄らない視点からゆさぶりをかけられると身に激震が走る。そのような状況になっても、向き合うべき問題と正対して納得のゆく解を探り当てていく。社会人になれば、職場ではもちろんのこと、国の内外においても、想定できなかった事態に直面させられる。そういうときに肝の据わった対応が賢明にできる社会人を育てたい。そう願うとすれば、葛藤を重ねながら知を研ぎすます学び体験を重ねさせていくに限る。

「令和の日本型学校教育」改革の担い手となるのは、教材を多面・多層・多角度から研究したうえで授業に臨み、子どもたちの思考を的確に活かして授業を組織化する教師である。タブレットという端末では決してない。

〈2021年12月初稿〉

「外化なき内化」は空虚であるが、「内化なき外化」は空疎に終わる

アクティブ・ラーニング（能動的な学修）は、今から11年前、大学教育を質的に転換する必要性に鑑みて提唱された（中教審答申「新たな未来を築くための大学教育の質的転換に向けて――生涯学び続け、主体的に考える力を育成する大学へ」２０１２年8月）。

21世紀の知識基盤社会を牽引するリーダーは、「知識の伝達・注入を中心とした授業」では育成できない。履修者が50人とか１００人を超える授業においても、学生と教師が「切磋琢磨」して「相互に刺激を与えながら知的に成長」していくアクティブ・ラーニングを実現する。大学教員が真摯に受けとめなければならない提言の提示である。

ところで、そういう講義調の授業は小中学校ではありえない。練り上げた発問で子どもたちを教材の世界に導き入れ、一人ひとりの思考を活かしながら課題に迫る。そういう授業づくりに教師は腐心している。文部科学省はこのことを承知していながら、アクティブ・ラーニングという学習形態の小中学校への導入を決めた。

教師たちは、降って湧いてきたその指針に困惑を覚えながら授業の改善に取り組むことになった。学習指導要領が改訂されて、目指すべき授業は「主体的・対話的で深い学び」と改めら

れた。しかし、そこには「アクティブ・ラーニングの視点に立った授業改善」との付記がされていて、教師は今もなお、グループワークなどの形態をどう組み入れるかに力を注いでいる。

＊＊＊

アクティブ・ラーニングが重要であることに、異を唱える研究者や実践者はいない。例えば、松下佳代さん（京都大学高等教育研究開発推進センター教授）は、この提唱の「功績」は「認知プロセスの外化」を学習活動のなかに「正当に位置づけた」ことにあると高く評価する（『ディープ・アクティブラーニング』勁草書房）。

確かに、一方向的な知識伝達に終始しがちな授業に釘を刺したことは意義深い。しかし、推進派の論者の視点は「外化」させる学習形態や技法等に向けられていて、知識の一方向的伝達に堕しがちな「教える」をどのように変革したらいいかについては目を向けない。

この状況を憂える松下さんは、「『外化のない内化』がうまく機能しないのと同じように、『内化のない外化』もうまく機能しない」と断じ、「内化なき外化は盲目であり、外化なき内化は空虚である」と指摘した（前掲『ディープ・アクティブラーニング』）。

「令和の日本型学校教育」改革というのは、要するに、タブレットで「個別最適な学び」を行わせ、そのことで得られた知識に少し味つけしたやり取りを、「協働的な学び」と称する時間で行わせることのようだ。こうした授業改革が、「深く学ぶ喜び」を子どもたちに享受させることになるとは思えない。

松下さんは「ディープ・アクティブラーニング」という概念を打ち出したが、その研究は「教える」いとなみと結びつけられているように見えない。松下さんが編集代表を務めて出版した『深い学びを紡ぎだす』(グループ・ディダクティカ/勁草書房)の中で、「授業の構成」を視座に据えて論じるのは村井淳志さん(金沢大学教授)一人である。

村井さんが着目するのは、映画館の観客である。観客は「暗闇の中で黙ってじっとしているだけ」であるが、それでも、しばしば「魂がひっくりかえるような忘れられない感動を体験する」。誰もが思い至るこの体験を踏まえて、村井さんは「授業形式とおもしろさとの間に相関関係はない」。「もっと考えたい、自分でも調べてみたい」と感じさせる授業を創ろうとするならば、授業に「意外性」と「ストーリー性」を備えさせることだと指摘する。

そして、「アクティブ・ラーニングの強制」は、「本来無関係な、教育方法と授業の充実を一体のものと考える、誤った前提から出発しており、教育現場に取り返しのつかない混乱をもたらしつつある」と指弾する。「充実した授業をつくり出す」ために何よりも重要なのは「教材研究」であって、「教師にとっても子どもにとっても意外感を感じられる授業構成になるまで」教材と向き合うこと、「キーワード」は『意外性』と『ストーリー性』で「特定の授業方法ではありえない」。村井さんのこの指摘は的を射ている。

若い教師が授業者として成長することを願って、村井さんは次のように鼓舞する。——管理職や指導主事に「教師主導だ」と批判されても決してひるまず、「ワンマンショーができる実力をつけてからアクティブ・ラーニングに取り組みます」と反論してください。

＊＊＊

授業というのは教師と子どもたち、そして子どもたち同士が「内化」と「外化」を往還しながら、教材を深く学んでいくいとなみを言う。「教える」というのは子どもたちを教材の世界に導き入れ、教材の核に迫る学びを組織していくことである。子どもたちは教師の「教える」に導かれて教材の世界を「内化」し、問いかけられて考えていることごとを書き留めたり友達に伝え合ったりして、練り上げてゆく。

教師の「教える」は子どもの行う「外化」が意味あるものとなり、その「外化」を介して「内化」がさらに深められていくことを願って、周密に行われなければならない。しかし、教師にとっていま求められているのは、グループワークなどに多くの時間を割いて「教える」は簡易に済ますことになっている。授業が〝ちんまりとしたパッケージ〟に収められていくと、教師の行う「教える」ばかりでなくて、子どもたちの「学ぶ」もが痩せ細って貧相になっていく。

「学び心」に火が点されて、「追究してみよう」とスイッチが入る。そういう瞬間をつくるためには、それ相応の「教える」手立てが欠かせないが、「学び心」に火が点されると、その〝炭火〟は授業が終わっても消えることなく、火種が長く保たれていくのである。

心に置きたい報告を次に二つ記す。まずは、尼崎工業高校の野村知由先生が伝える西ノ浩市君である（林竹二『学校に教育をとりもどすために』筑摩書房）。浩市君は入院している父を見舞いながら学校に通って、授業がおもしろくないと校内を走り回っていた。

ある日、林先生の授業「人間について」を受けると、他クラスのだれかれに「林先生の授業を受けなあかんど」と言いまわっていた。誰もが呆気にとられ、野村先生は「感想文書かないのか」とせかした。すると、「すぐ書けるもんと違う、オラは家に帰って書くんや。せかしたら書けるもんも書けんようになってまうで」と言い返した。

数日後に「これ林先生に送っといて」と差し出された感想文は、880文字に上っていた。親代わりをしている姉によれば、「書いた文章を簞笥の奥に隠しながら三日三晩徹夜に近い時間をかけて、鉛筆をなめては書き、消しては書いていた」という。

――オレは今まで五十分という授業をまじめに出たこともなかったし、出ようとも思わんかった。それは今まで勉強しらんかったこともあるけど、今の授業は全然わからんし、おもろないからや。学校の先生が林先生の授業はちがった意味でおもしろいと言うとったから楽しみにしとった。事実、受けて見てやっぱり一味ちがうなとおもう。――

このように書き出す浩市君が痛く感じ入ったのは、オオカミと暮らした少女が人間としての習慣を身につけるのにかなりの時間を要することになったことである。彼は「部落で生まれただけで世間からへんな目で見られて、そのつどいやな思いをさせられてきた」ことを重ねるようにして述べ、これから「がんばっていかないと……」と書き記す。

次に林竹二さんがNHKテレビの「女性手帳」（全5回）の中で伝えた、定時制湊川高校4年の米田君である（『問いつづけて――教育とは何だろう』径書房／灰谷健次郎との対談『教えることと学ぶこと』小学館）。

林さんが「田中正造」の授業を終えたときであった。米田君がすうっと教卓に近寄ってきて、「先生の話聞いていたら、地獄と極楽あるの信ずるわ。金、関係ない」と言い出した。

どういうことかと言うと、1年半前、林さんが「創世記」の授業を行ったとき、「地獄と極楽というのは単なる作り話じゃない」と生徒に話した。すると、「それは現在あることやろ。僕ら金ほしい、金ないのが地獄、金あるのが極楽」と、米田君がかみついた。

そのときのことを彼は覚えていて、田中正造の谷中村での闘いのあとをたどるこの授業を受けて、「やはり地獄と極楽あるのを信じる、それは金とは関係ない」と告げに来たのだ。「これがほんとうに学ぶということではないかと思いました」。「心の中にひっかかっていたものが、ここでぱっと解けた」んですねと林さんは語る。

＊＊＊

45分の授業を受けて、何となく分かった気分になってピリオドを打った場合、あるいは、理解は十分にできずにいるが「もういい」とシャットアウトした場合、教材の学びはそこで打ち切られる。

「学ぶ」いとなみがうごめき始めるのは、譬えて言えば、霧や靄に囲まれて立ちすくみ、このもやもやの立ち消えを願うときと考えられる。そうであるならば、教師の務めは子どもたちの安穏や平静にゆさぶりをかけて安定感を失わせることとである。

授業を終えた時点の「ふりかえり」に、もやもやした思いが書かれていれば、鬱陶しい霧や靄に覆われ始めていることが知られる。晴れやかな面持ちがそこに綴られていれば、眼前にひろがってきた光景に見入って爽快になっている心の内が読み取れる。

映画を鑑賞したときを思い起こしたい。主人公はこの後どうなるのだろうとハラハラして画面から目が離せなくなったとき、あるいは、心温まるエンディングの余韻につつまれて軽やかに映画館を出ていくときの胸の内である。授業というドラマは、学び手にそのときと同質の心境に身を置かせることができる。

「教師が教えたいこと」が「子どもが追求せずにおられない問題に転化するとき」に、そして「子どもが問題を追っかけ始めるとき」に授業は成立する。林さんは『授業の成立』（一莖書房）でこのように述べるが、まったくそのとおりだと思う。

「外化なき内化」は確かに「空虚」であるが、「内化なき外化」は〈空疎〉である。井戸端会議のような軽いやりとりをさせて「内化」と「外化」を往還する時間を提供できたと胸を撫で、「協働的な学び」の時間を終えたところで「ふりかえり」を書かせる。〝カタチだけの学ぶ体験〟がこのように重ねられては、Soceity5.0 時代を生き抜く力は培われようがない。

私たち教師が学ばなければならないのは〔深みのある能動的な「教える」の在り方〕であっ

て、〈空疎な外化〉で「学び」を終わらせない「教える」の在り方である。

斎藤喜博さんが今から60年ほど前（１９６３年）に執筆した『授業』や、50年ほど前（７０年）に執筆した『授業の展開』（いずれも国土社）など、そして、45年ほど前（77年）に出版された林竹二さんの『授業の成立』（一莖書房）などから、「教える」がもつ心の躍る世界に目をひらきたい。

〈２０２２年１月初稿〉

「雑」がもつ強さと豊かさ
――高橋源一郎と辻信一が語る「『雑』の思想」

SDGs〔持続可能な開発目標〕（２０１５年9月に国連サミット採択）の基調の一つは、「diversity の尊重」である。人や国の不平等をなくそう・ジェンダーの平等を実現しよう・パートナーシップで目標を達成しよう。――SDGs は全世界に、国籍・性別・肌の色・宗教などによって差別することない社会の実現を呼びかける。

日本では今、「diversity の尊重」を基幹に置く取組みが、様ざまなところで行われている。内閣府は「男女共同参画週間」（6月23日から29日）を定めた。21年度のキャッチフレーズは、「女だから、男だから、ではなく、私だから、の時代へ」である。「男で○、女で○、共同参画で◎」（19年度）、「意識をカイカク。男女でサンカク。社会をヘンカク」（18年度）といったフレーズが毎年掲げられ、「ジェンダーの平等」実現に意が注がれている。

文部科学省は「令和の日本型学校教育改革」を提唱し、「個別最適な学び」と「協働的な学び」を一体的に充実させる改革に取りかかった。時代が求めるところを次のように受けとめるからである。

――Society5.0 の実現のために、学校教育には、次代を切り拓くイノベーションの源泉である創造性と「多様性」「公正や個人の尊厳」「多様な幸せ（well-being）の価値が両立する「持続可能な社会の創り手」を育むことが求められている。（「Society5.0の実現に向けた教育・人材育成に関する政策パッケージ」内閣府　総合科学技術・イノベーション会議／22年6月2日）

＊＊＊

〝diversity〟という横文字は、私たちには馴染みがなかった。「多様性（ダイバーシティ）」と併記されて街中を歩き出したのは、10年ほど前である。「多様性」と言えば分かり合えるところを「ダイバーシティ」と言って、会話をリードしていく人が日増しに多くなってきた。

そのような状況を踏まえて、『広辞苑』は第7版（18年）で「ダイバーシティ」を登載した。他の国語辞典も登載に赴き、『岩波国語辞典』第8版（19年）は「多様性。特に、労働において人材や働き方の多様性を認めて生かすことを指す」と語義を示して、「ダイバーシティ」は日本語として認知された。

「多様」という言葉は「いろいろ異なるさま。異なるものの多いさま」（広辞苑）を指し、同質性や均質性といった「一様化」を尊ぶ風潮に、斜め上方から視線を送るかのような立ち位置にある。どこか華やかさや賑やかさを感じさせてもいる。

文化人類学者の辻信一さんは、〝diversity〟の訳語は「多様性」でよかったのか、「雑多性」という訳のほうがいいのではないかと思う（『「雑」の思想　世界の複雑さを愛するために』大月書店)。

「生物多様性」を意味するbiodiversityは、「環境問題を考える上でのキーワード」であるが、「自然界」というのは、「多様性という言葉では言い足りない」。「無限で、それでいて完全な調和をつくりだしている」。「『雑』が調和である」という「一種の理想」が表現されている自然界である。

辻さんは、「雑」と名づけてバスケットに放り込まれている様ざまな「モノやコト」を、一つひとつ見つめ直す作業をしてきた。「世界の価値観と自分たちのライフスタイルの大転換」が求められていると認識するからである。辻さんの次のような指摘に、私は深く共感を覚える。

——生態系における「雑草」、森林における「雑木」、農や食の世界における「雑穀」のように、「雑談、雑役、雑音、雑貨、雑務、雑学、雑誌、雑念など」といった『雑』なるモノやコト」がないと、私たちの暮らしは「ずいぶんと寂しいものになる」だろう。「粗雑、雑多、煩雑、複雑であること」を許さない人生は空しいだろう(『スローライフ100のキーワード』光文堂)。

高橋源一郎さん(作家・評論家)は、『雑』ということばは、辞書で引くと、『混雑・煩雑・雑草・乱雑・雑然・雑駁・猥雑』と悪いことばしか載っていない。それはなぜなんだろう」と首を傾げた(『「あいだ」の思想』大月書店)。

「文学」では「基本的に登場人物全員に名前をつけ」て「経歴もつく」る。それが「作家の仕事」であって、小説は「複雑なものを複雑なままにして」(『「雑」の思想』)筆を運んでいく。辻さんたちと研究を共にすることで見えてきたのは、『雑』がもっている『強さ』や『豊かさ』であったと述べる『「あいだ」の思想』)。

東京オリンピックの開会式では、民族衣装をまとったアスリートが次々に入場してきた。地球はこのように「多様」な国柄の人たちが築いているんだと、私は感慨深く観ていた。このとき、辻さんは「雑」が「調和」している自然界のようだと見入っていたのかもしれないし、高橋さんは「雑」がもつ「強さ」や「豊かさ」を感じ取っていたのかもしれない。

＊＊＊

一〇〇人にフィールドワークを行って、「それを分析してまとめ」ていく。すると、「最初にあった一人ひとりの『雑』は消えてしまう」。「いま問われている多くの問題は、じつは『雑』を消去して単純な何かに還元する」ことによって生じているのではないか――。

高橋さんがこのように指摘すると、辻さんはうなずいて、「複雑さを何かに還元したり縮減したり、リデュースしないで、複雑なものを複雑なものとしてつかもうとすることが大事」だと述べる。そして、「複雑さを複雑さのままつかむ文学や人類学」は『雑学』とみなされ、馬鹿にされたりする」と、時代の趨勢を嘆く。

「雑」という言葉は「種々のものの入りまじること」を指していて、その意味合いは「多様」とほとんど変わりはない。しかし、どの辞書もが、入りまじっている種々のものが「主要でないこと。あらくて念入りでないこと」（広辞苑）といった語意を「雑」に加える。余計で余分なものが混じっているかどうか、それが「多様」であるか「雑」であるか〝査定する〟指標のようだ。しかし、そのような捉え方は、「雑」なのではないだろうか。

『「雑」の思想』の第3章は「座談で『雑』を広げる・深める」で、田中優子さん（江戸文化研究者）と山崎亮さん（株式会社 studio-L 代表）が加わって、「『雑』の世界」を多層から掘り起こした。その結果、次のような5つの定義が「雑」に付与されることになった。

①　専門でない、専門を超える。
②　完璧でない、完成されていない、欠如がある、欠けている、抜けがある。
③　変な。
④　楽しい。
⑤　型にはまらない。二項対立ではない。

いずれの定義も、「雑」がもつ「〇〇でない」ことを〝雑がもつ強み〟として捉え直しての定義づけである。ところで、その人生が「雑」そのものであった人として、誰を思い浮かべればいいだろうか。高橋さんは博物学者で、生物学者で、民俗学者であった南方熊楠を挙げる。熊楠は「自分の好きなところに行って、本来は関係のないものを結びつけていく」。彼の興味は、「目の前にある世界の混沌をいかに正確に再現するか」にあった。「自由であること、予断をもたないこと、自由に動きまわれること」を、まさに生きた「雑」の人であったとの指摘である。

万葉集は、「雑」の巻から始められている――。このことを辻さんに教えられた高橋さんは驚いた。「整頓していって、余ったものが『雑』」と考える私たちと違って、「最初に『雑』があるという考え方をしていた時代や人たちがいた」。このことは驚愕の極みであったのだ。

辻信一さんと高橋源一郎さんが〈対談を介しての共同研究〉を始めたのは、2010年であった。『弱さの思想』『「雑」の思想』『「あいだ」の思想』の3部作はいずれも刺激的で、触発性に富んでいて、私は吸い込まれるように読み進めた。

共同研究がたどることになった道程は、『「雑」の思想』の「はじめに」で、次のように記されている。

――「弱さ」というテーマから「雑」というテーマへの流れは、ぼくたちにとって必然的なものだと感じられた。そして、否定性が反転して肯定性へ、さらに創造的なエネルギーへと転換する、という点でも、「弱さ」から「雑」というテーマは重なる、とぼくたちは考えている。――

ところで、『現代漢語例解辞典』（小学館）をひも解いて、「雑」という漢字が「衣（ふく）」と「集（あつめる）」で成り立っていること、そして、「いろいろな色の糸をあつめ衣服とする」という意から、「まじる」という意味をもつようになったと知った。

「雑煮」には、魚や鳥肉、野菜などの具を煮合わせた汁に餅が加えられ、それぞれの持ち味が溶け合って、年頭の祝い膳となっている。「雑談」をたわいもなく交わしていると、全く別の文脈で話されたある指摘が脳裏に刻まれて、行き詰まっていた思考が動き出すことがある。

＊＊＊

「雑草」と言われて思い出すのは、「雑草という草はない」という箴言である。

昭和天皇が那須の御用邸から吹き上げ御所にお帰りになると、庭に生えていた草々が刈られていた。留守を預かっていた侍従の入江相政に尋ねると、お褒め戴けると思った侍従は「雑草が生い茂って参りましたので、一部お刈りいたしました」と答えた。

天皇は「雑草ということはない。どんな植物でもみな名前があって、それぞれ自分の好きな場所で生を営んでいる。人間の一方的な考え方で、これを雑草としてきめつけてしまうのはいけない。注意するように」と諭した（入江相政編『宮中侍従物語』角川文庫）。

昭和天皇のこの至言は、牧野富太郎さんの語った言葉を基にしているという。牧野さんは全国各地を歩いて、名を付けられずに生えている草１５００種類に一つひとつ名を付ける人生を歩んだ。昭和天皇にご進講もして94歳で永眠した。

仙台に出向いたときに発見したササの新種には、貧乏学者の自分と13人もの子の世話を厭わなかった妻・寿衛子の名を付けた。東大泉の自宅の庭に繁茂する「スエコザサ」を目にし、妻に思いをはせる富太郎であった（『牧野富太郎自叙伝』講談社学術文庫・『草木とともに　牧野富太郎自伝』角川文庫）。

〈２０２２年９月初稿〉

教育と調教、そして啐啄同時・阿吽の呼吸

教育について述べるとき、「調教」との違いにふれることがある。「教師の言うことに従え」と強いるのは教育ではない。動物相手の調教と変わらないといった指摘である。

「調教」とは「(人間が利用する目的で)馬・犬・猛獣などを訓練すること」(現代新国語辞典・三省堂)を言う。ウィキペディアは、「一般的には、サーカスにおいて、猛獣や動物でショーを行う際に行われる訓練」を指し、「衆人環視でも暴れないように人に慣れさせる(馴致)ことや、人間の命令を聞くようにするために行われる」と補足する。

鞭を手にして馴致させられた熊やイルカなどが、上手に玉乗りしたり曲芸をこなしたりすると、万雷の拍手が起きる。ご褒美に与えられる飴(ご馳走)を、むしゃぶるように口にする動物たちである。観客の喝采は当の動物に向けられるが、見事に芸をものにさせた調教師の手腕にも送られている。

「調教」はそもそも「動物向け」に用いられる言葉であるが、人間に対して使われるときは、「侮蔑的な揶揄」が込められている。このようにウイキペディアは書き記す。

＊＊＊

「Keiichirou Koyanos’ Webrite」をネットに掲載する小谷野敬一郎さんは、「教育の在り方」のページで、「外部からの圧力によって従えるのは、教育ではなく、調教である」と指摘する。そして、「大声で叱ったり、叩いたりしいて恐怖心を相手に植え付け《ママ》。その恐怖心に条件付けすることによって服従させる。それが調教の一般的手段である。これは、人を臆病にするだけである」と、調教がたどっていく末路を教える。

「教育」というのは「相手の成長を促す」いとなみであって、教えたことが学び手の「内的な世界に取り込まれ」て「はじめて成立」する。教育に携わる者は、学び手と「共鳴・共感・共振し」、「相手の実像を正確に反映」させて対するのでなければならない。

「教育的な手段がみつから」ないので、「短期間で教育の成果を上げよう」。このように構えたならば、「必然的に調教的、洗脳的な手段に訴える」道をたどる。それは、「教育に見えて、教育ではない」道筋だと小谷野さんは私たちを戒める。

＊＊＊

ＮＨＫの土曜ドラマ「風の向こうへ駆け抜けろ」（原作古内一絵・脚本大森寿美男／２０２１年12月18・25日）は、考えさせられることが多かった。

主人公である蘆原瑞穂（平手友梨奈）は、養老牧場（競走馬から退くことになった馬を引き取って、余生を送らせる牧場）を営む父に育てられた。幼いときの何よりの楽しみは、馬に乗せてもらって父とゆっくり周回することであった。

父は話した。――馬は昔から、どれほど人間に力を貸してくれたかしれない。人間は進歩していく中で、そのことを忘れちまった。人が馬を愛すれば、馬も人を愛してくれる。お父さんはそう信じている。だから、瑞穂にもそう信じてほしいな。――

「うん、わかった」とうなずくと、父はうれしそうに手綱を握った。馬主である自動車会社会長の山名隆一郎（奥田瑛二）は、父に「馬を道具として見てはいけない。馬も人間と一緒に生きるパートナーだ」と教えられた。

東日本大震災に見舞われた父は、震災で傷ついている子どもたちに何か残す活動をしたいと考え、山に桜の木を植え始めた。この苗木が大きくなって花を咲かせるときには、子どもたちの「未来という花」もきっと咲く。そう夢見て植樹につとめた父であったが心臓発作で他界し、瑞穂は親戚に預けられた。

高校を卒業して競馬学校に入学した瑞穂は、19歳の新人騎手として華々しくプロデビューする。しかし、芳しい成績を残すことができず、地方競馬に転身せざるをえなくなった。迎え入れたのは緑川厩舎で、社会のあぶれ者ばかりが集まる「藻くずの漂流先」と蔑まれる厩舎であった。

やる気を失せている調教師の緑川光司（中村蒼）のもとに、訳ありの過去をもつ頑固な3人と、木崎誠（板垣季光人）が厩務員として働いている。木崎は中学のときに家庭内暴力に苦しめられて失声し、ホームセラピーを受けて厩舎務めをするようになった。話されることは聞いて分かるが、尋ねられたことはメモ書きして伝える。木崎が馬を曳いて行くその後姿は、瑞穂にとって言いようもなく美しかった。

ドラマは、前の厩舎で虐待されて人を怖がるようになり、手の付けられなくなった馬（フィッシュ・アイズ・2歳の牝馬）を一人前（一馬前？）に育てる苦闘の日々を描く。

瑞穂はある日、「競馬は私にとって希望なんです。馬と一緒に生きるって父と約束したんです。走り方を教えてください」と光司に懇願した。騎手としてG1を制覇した過去をもつ光司は、身を退くことになった内実を率直に話して、瑞穂に覚醒を促した。

——お前は無意識に馬を怖がっている。だから、馬を追い込めきれない。鞭を入れることを怖がっている。自分の弱さを認めるんだ。そこからしか何も始まらない。オレも自分が勝つことばかりを考えて、馬が見えなくなっていた。あの頃のオレは、生意気でどうしようもなかったんだ。——

桜花賞出場が懸かるレースで、瑞穂は故意に仕掛けられた斜行（斜めに寄って来られて走行が妨害されること）によって手綱さばきが荒くなって落馬し、入院する身となった。フィッシュ・アイズも獣医の診断・治療を受けたが、幸いにして骨折は免れていた。

退院が許されて何日かぶりで厩舎に戻った瑞穂に対して、フィッシュ・アイズは顔を背けて心を閉ざしている。なぜなのか考えあぐねた瑞穂は、恐怖心を棲まわせた手綱さばきが招いた結果だと思い至った。

「ごめんなさい。あんな走り方、嫌だったよね。私は傷つけてしまった。私を信じてくれていたのに、その気持ちを裏切ってしまった」と柵越しに謝っていると、木崎は「馬も君と同じことを考えている」と紙に書いて伝えた。「ごめん、ごめん……」と何度も言いながら顔を摺り寄せて、生じさせてしまった互いの溝を埋めようとする瑞穂とフィッシュ・アイズであった。

＊　＊　＊

調教師の緑川光司に「お前は、フィッシュ・アイズを信じているか?」と問われて、瑞穂は答えた。

――信じてます。この馬は、ほんとうはもっと速く走れます。もっと速く走りたがっているはずなんです。それなのに、「走れ」と命じない私に、不満を持ってます。乗っていて、それを感じるんです。――

「そう思えたのは、フィッシュ・アイズがお前に安心したからだろう」と瑞穂の騎手としての成長を認めて、光司は次のように教示した。

――「もっと走りたい」と感じたときは、そうしてやれ。その力を解き放て。そのとき、鞭は命令でなくて、正確な合図になるんだ。馬と自分のために走れ。レースで一番大事なのは、冷静に一瞬の判断をすることだ。――

鞭が「命令」ではなくて、「正確な合図」として馬に受けとめられる。光司が掴み取った調教の精髄である。「速く走れ、何してるんだ」と鞭を打つのは、恫喝以外の何ものでもない。

しかし、「走りたい」と高ぶる馬の思いを察知して打つ鞭は、「よし、走れ。走ろう！」という「合図」として聴き取られる。

ちなみに、「調」という漢字は「言＋周」で成り立ち、「全体をまんべんなく行き渡らせる」という意味である（新漢和大辞典・学研）。「調教」の「調」は、「調律」や「調整」の「調」と同じく、「くせのないようにととのえる」ことを指す。機を捉えたさばきで教え導いて、望むところを叶えさせる。それが調教師の担う責務であった。

「啐啄《そったく》同時」は、教育のいとなみの〝壺〟と言っていい。卵の中の雛鳥が「産まれ出たい」と殻をつついて知らせたならば、その瞬間を捉えてつついて孵す。教育といういとなみは孵化と同じで、学ぶ者と教える者の呼吸がぴたりと合ったときに実を結ぶ。この「啐啄同時」は、動物の調教にあたっても心に置くべき教えなのだ。

臨済宗などの禅宗では、弟子は坐禅を組んで修行を執り行う。悟りの境地に入りかけたそのとき、弟子は合掌して、そのことを「直日《じきじつ》」（坐禅の指揮監督を行う総取締役）に知らせる。直日はすかさず警策《きょうさく》（「文殊菩薩の手の替わり」を果たす棒）を打ち、低頭して合掌し合う。

相撲の仕切りで力士の呼吸がぴったり合って、すっと立ち上がったときは、見ていてとても気持ちがいい。「共に一つの事をする時などの相互の微妙な調子や気持。特に、それが一致すること」（広辞苑）を、「阿吽の呼吸」という。

相手の内にうごめく思いや可能態を瞬時に察知して、その「内なるもの」を適切な手立てを講じて解き放つ。目指すところは教育の世界も調教の世界も変わりがないと、私は教えられた。「飴と鞭」によって意のままに操って迎合させる行為は、何と呼ぶのがいいだろうか。人に対してであっても動物に対してであっても、それは「蹂躙性」をもつ行為と言ったほうがいい。「蹂躙」とは、「蹂」も「躙」も「踏む・踏みにじる」ことを意味していて、その行為のおぞましき様を強調している。

〈２０２２年３月初稿〉

黒衣としての「譜めくり」・黒衣としての教師

反田恭平さんが、第18回ショパン国際ピアノコンクール（2021年10月）で第2位入賞に輝いた。内田光子さん以来の51年ぶりの快挙である。

審査のファイナルステージは、ワルシャワ国立フィルハーモニー管弦楽団との共演であった。僕の夢のような40分間が終わった。／1分1秒の瞬間瞬間に、永遠が凝縮されているかのような濃密な時間であった。――反田さんはこう書き記す（『終止符のない人生』（幻冬舎）。

そして、「尊敬するショパンが書き遺してくれた譜面に没入し、今僕はショパンと同じ時間を生き、ショパンと溶け合」った。「恍惚と陶酔の輝きに身を浸し」、「全身全霊でピアノ協奏曲第1番を弾き切った」と熱く語る。同書はピアノと歩みつづけてきた反田さんの、27年のドキュメンタリーとなっている。

――ピアノコンチェルトは「常時25曲は頭の中に入っている」。「譜面を徹底的に読みこ」んで「膨大な数の音の大群を常に記憶している」ので、コンサートのピンチヒッターを3日前に頼まれても、ステージに立つことができる。――

このように書かれていて信じがたかったが、ウイキペディアに次のような記述があって納得した。今から4年前（19年）である。ラフマニノフのピアノ協奏曲第2番の演奏予定者（イタリア人ピアニスト）がアクシデントで骨折した。「明日、ドイツで演奏できませんか」とオファーがくると、反田さんは二つ返事で承諾してドイツに飛び立った。

ステージに立って演奏し終えると、聴衆はスタンディングオベーションで讃えた。反田恭平というピアニストは、「譜面を徹底的に読みこ」んで「膨大な数の音の大群を常に記憶し」ていて、聴衆を楽曲の世界に誘い込む演奏家であった。

＊＊＊

譜面台に楽譜があれば、楽な気持ちで演奏ができる。そう思うピアニストは少なくはないであろう。自分で楽譜をめくって弾けばいいのだが、「めくる」時にはほんのわずかだが、演奏のリズムに隙間が生じそうに思える。誰か、譜めくりしてくれはしないか——。

こういう切なる思いに応えて「譜めくり」が登場した。歌舞伎や人形浄瑠璃の黒衣（黒子）と同じように、ピアニストの傍に座して楽譜をめくる職人である。私はテレビでピアノの演奏を楽しむが、いつの頃からか「譜めくり」の所作に目が留まるようになった。

言うまでもないことだが、「譜めくり」には音楽に関する素養が欠かせない。任されることになった楽曲についてはCDで何度も聴き、自らも実際に弾いたりして心にも身にも沁み込ませて、黒いスーツ姿でピアニストの左後方に着座する。

「譜めくり」に求められる〝手腕〟は二つあって、その一つは「視力が効く」ことである。

ピアニストの50㎝ほど前方の譜面台にある楽譜を、2ｍも離れた位置から目に収める。そして、演奏が次ページに差し掛かる5小節目前あたりになると静かに立ち、ピアノの左端に身を移して〝そのとき〟が来るとさっとめくる。それが「譜めくり」の務めであるからだ。

「譜めくり」に求められるもう一つは、「左手の指の器用さ」である。譜面台の楽譜は左手を伸ばして、右ページの右上端を親指と人差し指・中指で摑んで素早く手前にめくる。右利きであっても、左手の指が器用でないと「譜めくり」には向かない。

堂に入った「譜めくり」の身のこなしに、感心したことがある。演奏し終えて拍手が鳴り響き、ピアニストが深々と何度も礼をしてホールに感動がひろがっているとき、その「黒衣」は突き上げられているピアノの屋根の後方に身を隠して、鳴りを潜めて居た。

「譜めくり」が誇りとするのは、一流のピアニストである〇〇さんの「黒衣」を務めたことであって、その生の演奏を客席でではなくてピアニストに最も近い所で堪能したことであるにちがいない。

＊＊＊

教師というのは、子どもたちが学びを深めるために意を払う〈黒衣〉である。林竹二さんは『学校に教育をとりもどすために』（筑摩書房）を、「学校というものは子どものためにあるものので、教師のためにあるものではない」と書き出す。

教育とは「幼い、あるいは未成熟な生命の心身にわたる成長を、すなわち自立を助ける仕事」であって、「生命に対する畏敬」を欠いた学校に、教育は成立し得ない。今の学校は「教育のかけらもない世界」になってしまっている。何とかしなければならない――。

このように強い危機意識を抱いて、兵庫県の湊川高校や尼崎工業高校で自ら行った実践を踏まえて、34年前（１９８０年）に同書は出版された。

林さんは心ある教師に、「教師が一人」であっても「できることが一つだけ」あると教えた。それは「すべての子どもがその中で、それぞれの問題にとりくんで、せい一杯に学ぶその学習の現場としての授業をつくりあげること」である。

教師の仕事をこのように認識するならば、同じ〈黒衣〉と言っても、ピアニストにとっての「譜めくり」とは仕事の質が大きく異なる。演奏力の秀でたピアニストをアシストする〈黒衣〉か、幼い子どもたちが内奥に秘めている豊かな可能性を目の当たりにさせる責務を帯びる〈黒衣〉かの違いである。

教師に託されているのは、楽譜を機械的にめくるような作業ではない。「自分たちだけでは、決して到達できない高みまで、自分の手や足をつかってよじのぼってゆ」こうと心している（林竹二『授業の成立』一莖書房）子どもたちの、その願いに応えて根気よく辛抱づよく手を差し伸べ、遠くに見えている「高み」に迫らせていく。それが教師の仕事である。

学びの〈黒衣〉を務めるにあたって、教師が努めることは何か。それはこの教材を子どもたちは「どのように解釈したり、どのような発見をしたり、どのような思考や解釈のあやまり」

をしたりするか、頭を巡らせる。そして、この場合はこのように「説明」して理解に導こう、この場合はこのように「反ばく」してその認識をゆさぶろう（斎藤喜博『授業の展開』国土社）と、周到に授業の作戦を練ることである。

授業が始まったならば、子どもの学びにしっかりと向き合う。子どもの発言や思考が不完全であったり断片的であったりする場合には、「教材の本質や授業の目標にせまる方向性があるかどうか」見極めて、発言に即した対応を適切に行う（斎藤喜博『教育学のすすめ』筑摩書房）。「子どもが一つのものを獲得した」ならば、心から褒めたたえるとともに、「さらにその上のきびしい課題を与え」て、追究心を燃やしつづけさせる。そして、「目の前にみえる山」は「かならず克服させて」いく（同上書）。それが「黒衣」としての務めである。

ある学生が、逆上がりが初めてできたときのことを話してくれた。先生は色々とアドバイスしてお手本も見せてくれたりして、「あとちょっと、ガンバレ」と声をかけて背中を押してくれていた。〝この時〟も先生が背中を押してくれていると思って足を振り上げて挑むと、鉄棒の上に身が乗っていた。

「先生のおかげです。ありがとうございます」と述べると、「何もしてないよ。最後は自分の力で上がれたんだよ。自信を持って」と励まされた。先生が声だけかけていたとは知らずに、足を振り上げて逆上がりを果たした〝この時〟であった。その後、当たり前のように逆上がりが独力でできるようになった小学時代の〝この時〟をうれしそうに話す学生であった（『学びつづける教師に』一莖書房)。

テレビでピアノの演奏を観ているとﾞ、ピアニストが時より譜面台に目を向けているが、そこには楽譜がない。よく見ると、タブレットが譜面台に置かれていて、そこに映る楽譜に目を遣っての演奏であった。

＊＊＊

タブレットを触る所作が見られないので、舞台の袖で「譜めくり」が操作していると推測した。しかし、そうではなかった。足元のペダルの横に「自動譜めくり器」が置かれていて、自分で踏んでタブレットの楽譜をめくっているのだ。「譜めくり」という〈黒衣〉が不要となる時代が訪れつつあることを、私は目の当たりにした。

今、公立小学校などでは子どもにタブレットが貸与されて、タブレットを繰りながら、それぞれがそれぞれに「個別最適な学習」を進める授業体制に移っている。学びに手を貸す〈黒衣〉の役割はタブレットに任じられ、教師は子どもたちの学びの外に身を置く。「協働的な学び」の場になっても、子どもたちのやりとりに教師が介入することは極力控えるのが望ましいとされている。

タブレットを操って「Known Question の世界」を這いまわる授業に、子どもたちは満足するであろうか。頂まで登り切れるかどうか気持ちを引き締め、教師や仲間の力を借りてよじのぼる。頂上でしばらく、見たこともない景色に見とれて互いに健闘を称え合う。そういう授業を子どもたちは渇望するのではないだろうか。

教師は、自分一人であっても行える〈黒衣〉としての務めを、根気よくしつづけていきたい。

〈２０２３年１月初稿〉

第４章　斎藤喜博に学ぶ――「優れた授業」から深く学ぶ教師に

ぽつらぽつら・どろどろ・もやもや

——斎藤喜博が心を躍らせる授業の「このとき」

教師に求められる「多様性」は2つある。教材研究を幅広く行って授業に臨むこと、そして、子どもの様ざまな発言や表現を的確に活かした授業展開を行うことである。

この2つは分かち難く結びついていて、子どもの多様な意見は教材研究が周到に行われた授業の中で活かされていく。教材の表面をなぞった程度の授業では、教師の手のひらに乗っかる発言しか取り上げられない。

教師の敷いた授業の土俵が広やかであれば、子どもたちは教師や友達と考えをすり合わせたりして、ゆったりと教材と向き合っていける。しかし、土俵が狭ければ、参観者には的を射ていると思われる発言も、外にはみ出ていると判断されて素っ気なく扱われていく。

＊＊＊

用意周到に行いたい教材研究や授業の在り方を、「多様性」という概念を用いて論じるのは、氷上正さん（『多様性を生かす文学の授業』国土社）や箱石泰和さん（「多様性を生かす授業の構造」『教授学研究5』国土社）などである。

斎藤喜博さんは『私の授業観』（明治図書）で、「授業は、どんな教材でも、簡単ではない」

と教師が考え、「深い多様な読みとり」をし、また「読みとる力を持っていった」とき、授業も「深いものになり多様になっていく」。「振幅の大きい授業」をつくり、「多様で振幅の大きい子どもたち」をつくり出すことができるようになると述べた。

ここでは「多様な読みとり」「多様で振幅の大きい子どもたち」と述べられているが、斎藤さんが「多様」という言葉を用いるのはきわめて稀で、『授業入門』（国土社）の次の一文のように、「さまざま」というひらがなことばで語ることが通常であった。

——先生が説明しているとき、また学級の仲間が発言しているとき、子どもたちの表情は、さまざまに動いている。「わかった」という顔をしている子どももいる。「なっとくできない」という顔をしている子どももいる。別の考え方を思いついたという表情をしている子どももいる。そういうさまざまな反応をしている子どもたちの表情を、教師はよみとり、（中略）その子の心のなかに新しく生まれたものを引き出し、みんなの前に出してやる。——

子どもの家庭環境は様ざまなので、そのことを「多様な家庭環境」と書き記すのは当を得ている。しかし、目の前にある教材のその解釈を深める研究や子どもがそれぞれに考える思索について、「多様」という言葉を用いるのは大仰ではないか。「さまざま」というひらがなことばで語るほうが教師の心に響いていく。そう考えての「さまざま」の〝登用〟であったと私は思う。

教材研究というのは、端的に言えば、「教材が蔵《かく》しもっているものを引き出してくる」ことである（横須賀薫『子どもの可能性をひらくもの』教育出版）。目の前にある〈教材〉がどんなに「教材らしい姿」をとっているとしても、「真の意味の教材」となるためには「教師の手」を経なければならない。

子どもたちの顔を思い浮かべて、「○○さんはこう考えるだろう、△△さんはこうも考えるだろう」と、子ども目線での〝虫瞰〟もしながら深めていく教材研究である。

＊　＊　＊

子どもが口にすることはほんとうに「さまざま」で、目が覚めるような鋭いものから独りよがりのずれたものまで多岐にわたる。聞き置くだけに留めたりその場で教えて納得させたりもして、教師はそれぞれに即した対応を行ってゆく。

そのような「さまざま」な発言の中で、しっかり聴き取って授業に活かしていきたい発言は次の2種だと、斎藤さんは述べる（『授業の可能性』一莖書房）。

つまり、①「断片的で不完全な表現」ではあるが「内容を持ち、発展の可能性を十分に持っている」と考えるもの、②「子どもの表現」するところは違ってはいるが、「子どもの心の底にあるもの」は「重要な問題を提出している」と受けとめられるものである。

この2種の子どもの発言には、口にされる様子や語られることがらに共通するところがある。授業の現場に身を置く教師であれば、「確かにそうだ」とうなずくにちがいないその共通性を、

斎藤さんは3つの「ひらがなの畳語（繰り返し言葉）」を用いて語る。

第一の共通点は、いずれも「ぽつらぽつら」と話されることである。

――（前略）みんなが考え考え、ぽつらぽつらと、それぞれの意見を出しあう。どんなつまらないような考えや意見を出すものがいても、何かそこからさぐりとろうとして、教師や子どもの目が、じっと、そこに集中する。そうすることによって問題を解決し、新しい発見をし、新しい創造の世界をつくり上げていく（『授業』国土社）。――

「ぽつらぽつら」という言葉は、どの国語辞典にも登載されていない。ネットで検索して、「ぽつぽつ」とか「ぱらぱら」という意味合いの新潟地方の方言だと知った。つまり、「間隔をとって、少しずつ事をするさま」や「空間的・時間的にまばらであるさま」（広辞苑）を言い表す「ぽつらぽつら」である。

つまり、子どもが自分の頭で考えに考えて口にすることは、すらすらと流れるようには語られない。雫が樋を伝って落ちてくるように「ぽつらぽつら」と話されるので、そのひとしずくひとしずくを取りこぼさないように聴き取らないといけない。

そして、「発展の可能性」があると受けとめたり、「重要な問題」をはらんでいると直感したりしたときは、すかさず授業の流れのなかに組み込んでいく。

川島浩さんがカメラに収めた、島小の子どもたちの前ページの写真等を見てほしい（写真集『未来誕生』一莖書房）。子どもたちはそれぞれに自然なしぐさをして、自分の考えを「ぽつらぽつら」と口にしていて、その「ぽつらぽつら」口にされる言葉に教師も友達も耳を傾けている。

＊＊＊

第二に共通することは、「ぽつらぽつら」話される子どものその考えが「どろどろ」していることである。言葉足らずであったり、もつれたりして「どろどろ」しているので、言いたいことは何だろうと、頭を働かせて聞かなければならない。

ドロドロになった体操服が持ち帰られたとき、母親は「あらあら、まあまあ」と言いながらも、そのドロドロを愛おしむように洗濯する。授業の中の「どろどろ」した発言も変わりはない。いろいろと考え巡らせているんだと、その実直さを愛おしく感じながら聞き置きたい。

「どろどろ」している発言の中には、思いも寄らない着眼があってハッとさせられることがある。教材と一途に向き合ってつかみ取ったにちがいないその言葉は、大事にすくい取って授業の中に活かしていく。

――（前略）もともと子どもたちの思考は、幼いものであったり、言葉たらずのものであったり、さまざまの矛盾したものをふくんだりしているのがとうぜんのことであるからである。

授業は、そういう子どもたちのさまざまの思考を、どろどろのままに引き出していくべきものである。どろどろの子どもたちの思考をそのままに引き出し、教師が整理したり、拡大したり、反ばくしたり、他の子どもの思考をつなげたり衝突させたりすることによって、どろどろしたものをだんだん一つの明確なものにしていったり、その子どもの考えを変えて行ったり、学級全体のなかに新しい考えをつくり出していったりする作業である（前掲『授業と教材解釈』）。――

斎藤さんが述べる以上のことを、実際の授業記録にあたってかみしめたい。草野心平の詩「春のうた」の授業（呉市立鍋小学校4年・授業者砂古涼子）に、斎藤さんが介入した一場面である（『介入授業の記録　下』一莖書房）。

授業者がこの詩に『けるるんくっく』というのがあるね。これ何でしょうね」と聞くと、「うれしいなという意味じゃないんですか」と声が上がり、別の子どもが次のように話した。

――題からみて、「春のうた」というんだから、春が、いいにおいだと、人がいて、春のにおいをかいでいる。そこに人物がいて、春がくるようで「水はつるつる」「風はそよそよ」のところで、「風のにおいがとてもよくて、人物がとても心をやすらかにしていて、ゆたかな楽しい心で、においや、鼻や目で、春がくるのを、もうそこまで来ているのを知っていて、みたり、春のにおいをかいだりしているのじゃないかと思います。――

授業者が軽く笑って、「……だれかがにおいをかいでいるようす?」と確認しようとしたときである。斎藤さんは発言した子どもだけでなく、すべての子どもに次のように問いただした。

——たくさん言ったけど、ごたごたしていてよくわからない。あなたの言っていることは、風のにおいがとてもいいにおい、人物がいて、ゆたかな楽しい心でいる、春がもうそこまで来ているということだね。/それで、人物がいて、何がいるの? 人物がいて……人物は人間だよね。みんなそういうふうにききとった? 人物がいて、大へんやすらかな心でいるんだというのだが、人物はどこにいるの。——

その後である。斎藤さんは参観している教師たちに、この場面で介入した意図と教師がここですべきことについて次のように話した。

——こういうごたごたした言い方のなかにも、必ず何かがあるから、いいものだけをとり上げて整理してやるといいですね。そうでないとわからなくなってしまうんです。この三つのことはとり上げられるから、無視しないで、あれだけ言ったなかから教師が整理して、とり上げてやるといい。——

そして、子どもたちの方にも視線を送って、「風のにおいがいい」と「ゆたかな楽しい心」はいいけれど、「人物がいる」というのは「よくわからなかったので少し説明してくれないかな」とあらためて問いかけた。

介入授業というのは、進行している授業の中で生じた事実に即して、教師の授業力を実地に養おうと企図する授業研究である。「ごたごた」表現されている「どろどろ」した子どもの考えは、どのように整理して活かしていったらいいか。斎藤さんは授業を止めて、教師たちに当事者意識をもたせて考えを高めさせている。

＊＊＊

子どもの発言が「どろどろ」して「ごたごた」しているのは、考えていることが「もやもや」しているからである。これが第三の共通点である。

この「もやもや」は、思考を練り上げる際に誰もが必ず味わっている。発言し始めた子どもに「まとまってから話そう」と言って中断させるのではなく、「『もやもや』したままでいいから、話してみて」と促す。すると、不思議なことに思考が独りでに動き出して、言いたいことがいくらか鮮明になったりする。気づかずにいたところを補ってくれる声が耳に入ってきて、「もやもや」度が薄くなることもある。

授業というのはこのようにして、友達や教師との往還をくり返しながら知を磨き合う場である。「もやもや」をたえずつくり出していくことの大切さを、斎藤さんは次のように説く。

――（前略）子どもたちの心の底のほうに、胸のなかとか腹のなかとかに、そのときどきに、いままでとはちがったもやもやしたものが生れてくる。そしてそれがだんだんと明らかな形となって、言葉なり動作なりとなって表に出されてくるようになる。そうなったとき教師はまた、他の問いかけをし触発をし、子どもの心の底のほうに、別のもやもやしたものをつくり出し、それがだんだんと形となり、表に出ていくようにしていくわけである。
授業はそういうことを絶ゆることなくしていく作業である。つぎつぎと子どものなかにもやもやをつくり出し、形にし表に出させ、また新しい別のもやもやをつくり出し形にしていく作業である。そういう作業によって子どもたちは、一人だけでは出せないものを、教材とか教師とか他の子どもとかとの関係のなかで、つぎつぎと表に出し拡大していくようになる（『授業の可能性』一莖書房）。——

授業がKnown Questionを求めてやりとりする教室では、「もやもや」が生まれることはない。問われていることの答えはタブレットなどに書かれているので、速やかにその記述を見つけて口移しに伝えればいい。
しかし、Unknown Questionが投げかけられた場合はそうはいかない。どこにも答えらしきことが書かれていないので、脳みそをふり絞って「ああではないか、こうではないか」と考えあぐね、「もやもや」している考えを「どろどろ」しているまま、「ぽつらぽつら」と口にするしかない。

＊＊＊

「教師の仕事」とは何か——。斎藤さんは「どの子どもでも、深部に必ずよいものを持っている」のだから、「どんな小さなものでも」見つけて、「細い糸をたぐるようにして引き出していく」ことだと述べる（『授業の可能性』）。

子どもたちの描いた絵であれば、「どの子どものものも必ずどこかによいものがある」。「散漫であり緊張と集中を欠いている」絵であっても、よく見ると「隅のほうの一つの小さな部分だけはひどく集中して緊張して描かれてある」。「乱暴だが、一ヶ所だけはまったくていねいに描いて」あったり、「何本かの線だけは、不思議に線に表情があり生き生きしている」ことがあったりする。

つまり、「画面全体を集中したりていねいに描いたりする」力が備わっていないとしても、「自分のよさとかほんとうのものとか」を「小さくつつましく表現」しているところが、必ずどこかにある。したがって、国語とかの授業の場合であっても、「たとい、瞬間的にちらっと見せたもの」も見のがさずに、「他の子どものよいもの」とつなげたりして定着を図っていく。そういうことが適切にできる資質を、教師は磨きつづけていかなければならないのである。

「もやもや」していて胸につかえている「どろどろ」した考えを、「ぽつらぽつら」と話した。すると、その中の〈ある言葉〉が大切に掬い取られて、授業の流れのなかで息づかされた。こういう〃しあわせ〃に出遭っていくことで研かれていく、子どもの知である。

〈2022年10月初稿〉

チコちゃんに叱られる！

――斎藤喜博校長が指揮・演出する卒業式

ＮＨＫの「チコちゃんに叱られる！」は、子どもたちからお年寄りまでが「素朴なギモン」と向き合わされて楽しむバラエティー番組である。改めて聞かれると、「なんでだろう？」と答えに窮してついつい身を乗り出してしまう。例えば、次のようなギモンが毎回投げかけられる。

・なんで、子どもは寝相が悪いの？
・なんで、写真を撮るとき「はい、チーズ」って言うの？
・なんで、考えごとをするとき、上を向くの？
・なんで、校長先生の話は長いの？

唐突に問われた解答者が何とか頭をひねって答えると、「ボーっと生きてんじゃねーよ」と、５歳のチコちゃんにこっぴどく叱られる。そのあと、専門家がわかりやすく説明してくれて、なんだか賢くなったように思えて楽しくなってくる。

＊＊＊

２０２０年の卒業式シーズン（3月13日）に問いかけられたギモンは、「なぜ卒業式で『呼びかけ』をするの？」であった。

『卒業式の歴史学』（講談社選書メチエ）を執筆した有本真紀さんが登場して、「呼びかけ」は「カリスマ校長の学校改革」によって始められたと教える。そして、〝昭和を代表する教育者〟と有本さんが呼ぶ斎藤喜博さんの、その先駆的な実践が次のように紹介されていく。

昭和27年、群馬県の島小学校に赴任した41歳の斎藤校長には、子どもたちに自主性が感じられず、教師たちは疲れ切っているように思えた。そこで、当たり前のように行ってきている学校の諸事を見直し、例えば通知表の5段階評価を取り止めた。運動会の計画と進行は子どもたちに委ね、合唱する時間を多くして元気な歌声を校内に響かせた。また、教師には休みを取りやすくして、職員会議は終了時間を定めてオーバーしないようにも努めた。

こういった改革によって、授業づくりに専念できる環境が教師に生まれ、子どもたちは学校生活を明るく過ごすようになった。卒業式はもろもろの学校改革を集大成する行事として位置づけられ、卒業生・在校生・教師に父母も加わる「呼びかけ」の導入によって、形式ばって古くさい儀式は消え去った。斬新なこの「呼びかけ」形式は、島小教育に共鳴する多くの教師たちによって全国に広げられて、こんにちに至っているという有本さんの解説である。

番組は後半で、80歳近くになった卒業生とその母親（１００歳に近い）が、当時を思い起こして当時の卒業式を〝演じて〟みた。島小の教育を記録したドキュメンタリー映画「芽をふく子ども」が、モスクワ国際映画祭で審査員特別賞に輝いたことが伝えられて、番組は次の別のギモンへと移った。

＊＊＊

島小で実践された卒業式は、斎藤校長によれば次の3期に区分できる(『教育の演出』明治図書・昭和38年出版／『斎藤喜博全集』第5巻に所収)。

第1期	昭和30年3月から	「呼びかけ」的なもの
第2期	昭和34年3月から	演劇と音楽の会を兼ねたようなもの
第3期	昭和37年3月から	多分に抽象的な、そして内面的なもの

第1期の「呼びかけ形式」については、「今から考えればずいぶん形式的なもの」であったが、「いままでの古い卒業式を変えて」いく試みとなったし、「子どもに行動させ、子どもを主体にした卒業式」にすることができた。「ばらばらになっていた子どもたちを少しでも集団化し、連帯意識をもったものにすること」ができて、「これでも十分その時代としての意味はあった」。このように斎藤さんは意味づける。

島小の学校教育は年々充実していき、「授業も、合唱も、舞踊も、演劇も、はなやかな質の高いものが具体的にいっぱい出て、学校も子どもたちも深まって」いった。その結果として、卒業式は「演劇と音楽の会」を兼ねたような第2期へと移行し、36年になると「呼びかけ」はいっさい除かれて、以下のような流れで2時間を超えて行われた。

――「島小行進曲の合奏」で卒業生が入場、「島小行進曲の合唱」、詩の朗読、作文朗読、証書授与、全校合唱「ふるさとの歌」、校長式辞、……全校合唱〔ベートーベン「第九」(よろこびの日に)・「一つのこと」〕、「卒業生を送る歌」が歌われるなかで卒業生退場

第3期に入ると、卒業生と在校生に「ねがい」を届ける合唱曲が斎藤校長や丸山亜季さん、木村次郎さんなどの手で作られて、高らかに歌われた。教師のピアノ演奏や子どもたちの舞踊も繰り広げられ、その合間に式辞や送辞、答辞が組み込まれるという、「多分に抽象的な、そして内面的なもの」へと昇華する卒業式に変容した。

斎藤校長にとって、卒業式はもちろんのこと、どの学校行事もが、「単なる慣習的な形式的な年中行事」で終わってはならなかった。「学級での教科の授業では出せないようなもの」をつくり出し、子どもたちが「別の教科の世界にひたって」いくことにならなければ、学校行事として位置づける意味はない(『いのち、この美しきもの』筑摩書房)。

したがって、いずれの行事においても、「教育と芸術とがもっとも素直に結合する場面」がつくりだされ、「全体として美しかったり、感覚が豊かであったりして、そのなかで子どもに高い感覚とかイメージとかを与えるような芸術的要素」が備えられていた。

卒業式に臨席した人たちが目を見張るのは、そういう「芸術性に富むはなやかな場面」ばかりではなかった。「一人ひとりが卒業証書をもらいに出る」という「いちばん単純な場面」に心を打たれていた。公開研究会で全校行進を見たある作家が、「何か動作をしているときより、何もしていないときが立派だ。密度が高いからだ。そこには凝縮の美しさがある」と述べたという（『授業』国土社）。卒業証書を受け取るために席を立って歩を進め、壇上に上がって受け取って席に戻ってくる。その姿を見て、全く同じ境地に身を置く臨席者であった。

子どもの「存在」じたいがかもし出すその崇高さは、「ふだんの授業のなかできびしく論理」を追求するいとなみの積み重ねがあって生まれてくる。37年3月の卒業式の折りである。「強い決心をして、泣くまいと、きっと前をみていた」女子の卒業生は、「こらえきれなくなって、みんな自席に泣きふしてしまった」。そのとき、「子どもの実質」が「私たちの考えた以上に、高い清潔なドラマをつくり出し」たと斎藤校長は記述する。

——証書を渡すときになると、一人ひとりが、顔をふせ、涙を流しながら、卒業証書を受けとりに出てきた。私の前に出てきて、涙を流し下をみて佇立していた。そして、証書を受けとったあと、つらそうな済んだ目をして、私の顔をじっとみつめるのだった。

そのあと、卒業生だけの合唱になっても、女の子たちは、ただ泣きふしているだけで席から立たなかった。すると、男生たちは、自分たちも目にいっぱい涙をためているのに、「自分たちまでくずおれてしまってはだめだ」というように、胸をぐっとはり、女の子のうたうべきところまでうたってしまったのだった。――

＊＊＊

「呼びかけ」を導入することから始まったこの卒業式は、斎藤さんが転勤した境小ではさらに芸術性が高まり、厳粛さを湛えて展開されていった。

写真集『いのち、この美しきもの』には、川島浩カメラマンが撮影した昭和44年3月27日の境小の卒業式の写真が25ページにわたって掲載されていて、清楚で気品のある卒業生のたたずまいに私の目は吸い込まれる。

目の覚める教育・授業のすぐれた事実から、「教えない『教える授業』」の髄を学び取って、眼前の子どもたちと真摯に向き合うことにしたい。そうしないと、5歳のチコちゃんに「ボーっと生きてんじゃねーよ」と叱られてしまう。

〈2020年5月初稿〉

教える・学ぶ
——吟味によって浄化し、浄化される授業の世界

アクティブラーニングを牽引してきた第一人者は、溝上慎一さん（当時、京都大学高等教育研究開発推進センター教授）である。「学びの質」がおろそかにされているとの指摘があると、「内容より形態に関心が向けられているのだから、内容的に薄っぺらい授業となることは当然である」と軽くいなした（『アクティブラーニングと教授学習パラダイムの転換』東信堂）。

同じセンターの教授である松下佳代さんは、その学びが「薄っぺら」になっている状況に深刻さを感じた。そして、「『外化のない内化』がうまくいかないのと同じように、『内化のない外化』もうまくいかない」と指摘した。

「内化ばかりの講義を批判するあまり」に、「内化」のもつ意義の指摘が「おざなりになりがちである」。このように省みた松下さんは、「内化と外化をどう組み合わせるか」が重要だと主張して、「ディープ・アクティブラーニング」の提唱に向かった。（『ディープ・アクティブラーニング　大学授業を深化させるために』勁草書房）。

＊　＊　＊

溝上さんの前掲書で私が目を留めたのは、同書に引用されている犬塚篤さん（現名古屋大学

教授、経営学）の次の一文である。

——豊かで醸成した知識を持つ熟達者は、ある問題状況や現象を考えるとき、幹をしっかりおさえながら枝葉を見る。（中略）醸成された知識を持たない学習者は幹しか知らないし、その幹もしっかり醸成できていないから、枝葉を見ようとしても、ノイズばかりを拾ってしまう。——

この一文は、教え手と学び手の間にある、いかんともしがたい〝地溝〟に目を向けている。「醸成された知識を持たない学習者」に「枝葉」を見る目が培かわれていくには、「幹をしっかりおさえながら枝葉を見る」ことのできる「豊かで醸成した知識を持つ熟達者」の存在が欠かせない。私は、犬塚さんの指摘をこのように受けとめた。

しかし、溝上さんの捉え方は異なった。「学習者」が思考力を備えていくためには、習得しようとする知識を、自らの「既存の知識世界のなか」にしっかり位置づけて「整理」していく。そういう「作業を繰り返す」以外に、方途はないと言うのである。

大学の研究者は、日々、そのような作業を繰り返して論考を深めているであろうが、小中学生が思考力を深めるにあたっても、そういう「作業」を繰り返すしかないのだろうか。

教授学習過程を「内化と外化」という視点で捉える論述が多く見られるようになったのは、ここ10年くらいであろう。溝上さんがアクティブラーニングの定義を行って、能動的な学習について「書く・話す・発表するなどの活動への関与とそこで生じる認知プロセスの外化を伴う」と、指摘したことがその端緒のように思う。

私たちが「考え・思い・感じたこと」は、「書く・話す・発表する」といった「外化」活動を介することで確かなものとなる。認知プロセスでのこの「内化と外化」は、「受信と発信」と言い換えてもいい知的ないとなみである。

息を吸ったら吐き、吐いたら新しい息を吸い込む。日々当たり前に行っている呼吸のいとなみを、知的な活動においても適切に行う。認知プロセスの〝現象〟に着目することは必要であるが、「学びの質」を俎上に載せるときには、ほとんど意味をもつことがない。

＊＊＊

「授業の質」を研究するにあたっては、「浄化」という別の視点をもたなければならない。この視点は、「ソクラテスにおける人間形成」などの研究に造詣のある哲学者・林竹二さん（当時宮城教育大学学長）によって打ち出された。斎藤喜博さんの授業実践を考察し、自らも全国の小中高校で授業を行い、その体験が踏まえられた、「授業の質」を見極める「浄化」という視点である。

林さんは説く。――「教える」の源流はソクラテスの問答法にあって、授業というのは「一つのカタルシス」で「人間を浄める仕事」としていとなまれる。つまり、ソクラテスに問いかけられて、「いつの間にかしみこんでいる自分の考え」を「自分のもの」として答えたアテネ市民は厳しい吟味にかけられた。発言したことはすべて否定されることになるのだが、「世間一般の、通りいっぺんの考え方から抜け出すきっかけ」を摑むこととなった。「いろいろなよごれから自由」になって、「美しいものを美しいとみる」ことができるようになった状態、あるいは、「真実を真実とみ、それに止まる」ことができるようになった魂の状態が「知恵」というもので、それが「人生の救い」になる。「通俗的なもの、低いもの、まがいもの」を「全部捨てさせ」て、「本来の生地の美しさ」を表に出させる。そのためになされる「浄化」の手法が「吟味」である。

授業のなかで子どもが意見を出したら、それを「あらゆる角度から吟味」して、その意見を「放棄するところまで追いつめ」ていく。子ども自身が「自分のその意見」は「とうてい維持できない」と、「腹の底から」納得するように導くのである。

斎藤さんが実践する諸々の授業について、林さんは次のように意味づける。例えば合唱の指導の場合、斎藤さんは「求めている声」を「子ども自身がだす」までは「教えたことにはならない」と考えて、苦闘を重ねる。それは、歌い手一人ひとりから「もっとも美しい声を引出して」合唱をつくり上げる指揮者のいとなみと変わることがなく、子どもたち一人ひとりが「ふかいところにしまいこんでいる『美しいもの』」を何とか表に現わそうとするいとなみとなっている(以上『授業の成立』一莖書房より)。

斎藤喜博さんは、林さんと行った対談の中で述べる。——子どもたちの中にはさまざまなものがある。汚れているものもある。それをとりさっていくと浄化されていく。そのとき子どもたちの顔は花の咲いたようになりますね。そうなったとき可能性が引き出されてるんだと思います。そして、「教育の場合は、いつでもその子の出している、一つのいいものを見つけ出すということが大切ですね」と言葉を繋ぐ。(『対話　子どもの事実　教育の意味』筑摩書房)

「浄化」という この指標を林さんが提示したのは、今から50年前であった。「子どもたちの自主性を尊重する」という名の下で、授業が備えるべき「本質的なきびしさが失われているのではないか」と憂えてのことである(『授業　人間について』国土社)。

こんにち、「令和の日本型学校教育改革」が推し進められていて、その柱の一つがタブレットなどを活用して行う「個別最適な学び」である。「子どもの表面にくっついている無数のよごれ、そして卑俗なものの見方、感じ方、そういうものが、子どもの精神にいっぱいくっついているわけです」と語り出した、50年前の林さんの次の指摘をかみしめたい。

――授業においては、予習だといって、あれこれ学習参考書をあさって、知識を仕入れてくる。それは本当に子どものものになっていない。だから、授業で吟味にかけられないうちは、身心にくっついているよごれ、けがれにすぎない。――

こう述べた後で林さんは、「子どもが自分のものになっていないいろんな情報とか知識をふりまわすのを、教師が無造作に通す。これは子どもをほんとうのものを求める努力から隔ててしまう」と警鐘を鳴らす。

改革のもう一つの柱には、グループワークなどによる「協働的な学び」が置かれている。林さんは「自主性とか主体性とか主体的学習」とか言っているが、「私には要するに、子どもの井戸端会議」に思えてならないと述べて、次のように指摘した。このことも、私たちは真摯に受けとめたい。

――子どもの井戸端会議は、授業ではない。授業は、子どもたちだけではとうてい到達できない高みにまで、子どもがよじ登っていくのを、自分の手や足を使ってよじ登っていくのを、助ける仕事です。ですから、子供たちがペチャクチャおしゃべりをして自足しているようなのは、授業ではない。そういうところでは、カタルシスは生じません。自分との格闘や、自分を乗り越えていく作業がないからです（『授業の成立』）。――

＊＊＊

国語・社会・算数から音楽・体育などの実技系の教科まで、「浄化」といういとなみが見られない「内化と外化」が〝活動〟として繰り返される。そういう授業のなかで「学んでいる喜び」を味わうことはできない。

教師は人間としての豊かさを養うとともに、子どもの発言を的確に「吟味」する授業力を磨きつづけていく。教師の厳しい吟味に身をゆだねて新しい自分と出会う日々を送っていくと、子どもたちはしだいに、自分の力で自分の考えや思いを吟味していくように成長していく。ものごとの「幹」も「枝葉」も見ながら思索する知の道へと歩み出していく。

吟味を受けて浄化されていく子どものまばゆさは、林竹二さんの行った授業では、『授業の中の子どもたち』（日本放送出版協会）・『問いつづけて』（径書房）・『学ぶこと変わること』（筑摩書房）の各写真集で目にすることができる。
斎藤喜博さんの実践を追いつづけた写真集では、『未来誕生』（麦書房・一莖書房）・『いのちこの美しいもの』（筑摩書房）・『斎藤喜博の仕事』（国土社）で、子どもたちが新しく生まれ変わっていく姿を目の当たりにすることができる。

〈2022年2月初稿〉

神尾真由子と大槻志津江
――つかえ（支え・閊え）が取れる・取り払う

「神尾真由子バイオリン・リサイタル」（文京シビックホール・2020年11月）が、NHK・BS「クラシック倶楽部」で放映された。田村響さんのピアノとの、絶妙なコラボ演奏である。

神尾さんがバイオリンを習い始めたのは4歳のときで、11歳でメニューイン国際コンクール・ジュニア部門最年少入賞、21歳で第13回チャイコフスキー国際コンクール（2007年）優勝に輝いた。その年、演奏するに際しての周到な研究活動を追う「強く強く　バイオリニスト　神尾真由子・21歳」が放映されて、私は目を見はった（「神尾真由子がバイオリンを演奏するとき」『学びつづける教師に』一莖書房）。

千葉県文化会館大ホールで催されたリサイタルで、私は神尾さんの生演奏を聴く機会に恵まれた。

＊＊＊

「クラシック倶楽部」で13年間をふりかえった神尾さんは、演奏者としての身に潤いをもたらすことになった〝恵み〟について語った。それは、「右手のつかえ」が取れたことである。

21歳になりたてでコンクールに出ることになったが、弓を運ぶ「右手」のことが必ず注意された。歌手であれば一息で歌ってしまうような調べを、バイオリンは「弓をちょこちょこ返」して奏でる。弓を運ぶ「右手」が、微妙なところで演奏を「つかえさせている」ことが、耳の肥えた聴き手には気にかかってならないのであった。

「右手」の〝ある動き〟が、演奏を「つかえさせている」。このことが気になって演奏していると、「表現できる幅が狭くなって」しまっているようで自信が無くなる。そうこうして20代の後半になった「ほぼある日」に、「右手のつかえが取れたような気」がした。なぜなら、「すごく自由に弾けるように」なっているのだ。

神尾さんが口にする「つかえ」は、骨が喉につかえたり言葉がつかえたりしたときの、何とも言い難い〝辛さ〟を思い起こさせる。ふいに襲われた「つかえ」は、他人に体感してもらえないのでもどかしい。取り払われたときは、ホッとため息が出る。からだが一つの楽器になって奏でている。言いようのない喜びを味わうことになった神尾さんである。

「つかえ」は漢字で「支え」と書くが、「支え」は「ささえ」と読むほうが一般的である。「一本の枝を手に持つ」ことを表す会意漢字「支」は、「ささえて助ける」(支援・支持・支柱)、「枝分かれする」(支局・支部・支流)、「分け与える」(支出・支給・支配)といった意味をもつ。

そこに「物事がとどこおってふさがる」(広辞苑)という意味が加わって、「支障」という熟語や「差し支える・差し支えない」という言い方がよく使われる。「つかえる」は「閊える」とも書くそうで、「山は門に入らない・大きくてつかえる」からだと辞書が説明していて楽しい。

＊＊＊

神尾さんがかかえてきた「つかえ」は、その正体がつかめなくて難渋するものであったが、ものごとを滞らせている事由が分かっている「つかえ」もある。

『教師が教師となるとき』（国土社）は「序」にあるとおり、群馬県の境小の教師9名が、斎藤喜博校長のもとで「どのようにして教師としての自分をつくり出していったか」、その足跡を書き綴った記録集である。「ほんものの教師」に成長していく過程では、その成長を滞らせる「つかえ」がついてまわる。大槻志津江さんはそのことを書き綴る。

境小に着任したとき、大槻さんには数十年間「子どもに向かって惜しみなく努力し」てきたという自負があった。しかし、着任早々から斎藤校長に言われることは「身に射さ」ることばかりで、もしかすると「かえって子どもに押しつけになったり、子どもを損ねてしまう結果」を招いたりしていたかもしれないと省みることが多かった。

――〝我〟が強く固着しているからだめなのですよ。〝我〟を捨ててこそ見える世界がそこにあるのに、捨てる努力をしていない。他から学ぶということは〝我〟を捨てることなのですよ。――

斎藤校長のこの指摘はもっともで首肯せざるを得ないのだが、どうしても「素直に」受けとめられない。「なぜ私ひとりにこんなに痛めつけるのだろう」などと、「思いあがった考え」を持つこともあった。

「今まで自分でやって来た仕事を捨てるどころかそれを正当化しようとしたり、他から学ぼうとする前に、自分の力なさを知って卑屈になったり」している。不遜な「思いあがり」によるこの「つかえ」が取り払われることになったのは、2学期になってであった。

夏休みが明けると、水泳大会、体育祭、音楽祭と学校行事が立てつづけにあった。そのどの行事もが「仰ぎみる」ほどの「高い山」として屹立していて、学級間に「落ちくぼみ」が見られない。

教師たちは誰もが「自分から努力してはい上がろう」と努めていて、「力のあるものはその力を他にも及ぼし、力のないものはそこから学び」取る。そういう「連帯」が築かれていることを目の当たりにして、大槻さんの「思いあがり」は崩れ去った。斎藤校長の指し示す教育の道を、自分も〝境小の教師〟の一員として踏み締めて行こうと気持ちが定まった。

斎藤校長に入ってもらった跳び箱指導でも「胸をうたれた」。先生はまず助走路の小石を拾って、子どもたちの肩をなでては「余分な力をぬきなさい」と声をかける。助走こそ気持ちを集中してリズムを伴って行おう。そうすれば、踏み切り版を踏み切るときの呼吸につながっていく。——このように大事なポイントが一つひとつ押さえられていて、子どもたちは1回ごとに目的意識をもって跳び箱に向かっていくのであった。

目が覚まされる事実と向き合って、ひたむきに学ぼうと歩み出した大槻さんであったが、「安直さ」という新たな「つかえ」が、立ちはだかってきた。上辺をなぞった程度の〝まねび〟で行う指導は、子どもを「だめに」してしまう。「見ていたり聞いていたりしていただけでわかった」と思ったことほど、「あてにならない」。「自分自身のなかを濾過してみる」と、そこには何も残っていない。残っているとしても、「ほんのわずかな小石のようなもの」に過ぎなかったりする。

「今のこのとき」を捉えた〝自分の言葉〟が投げかけられないと、子どもたちは受けとめない。「学んだ」と言い切れるのは、自分の内奥をくぐりぬけた言葉を子どもたちに届けることができたときであった。

着任して2年目、2週間近くも、斎藤先生や仲間に授業を見てもらう日々が設定された。「授業をする」ということがこれほどまで「おそろし」く、「苦しまなければ」ならないものなのか、身の細る思いの毎日であった。

この苦しみから何とか抜け出したい思いで、心のうちをある教師に吐露したところ、「思い上りもはなはだしい」と叱られた。そして、「授業とは自分の内臓までえぐり出さなければならないような苦渋をなめなければ、みつけ出せないものなのだよ。教師はそうした苦渋を経て強くなれるんだよ。そんな弱気で何ができる」と静かに諭された。

斎藤校長はその年度で境小を退職した。「何か冷たい風のふきとおるような、空虚感」がよぎる学校に居て、大槻さんの仕事を「支える（ささえる）」ことになったのは、あのときこのときに言われた「校長先生の言葉のひとつひとつ」であった。教えられたことの一つひとつを反芻しては咀嚼し、また目の前にいる子どもたちからも謙虚に学び取って、自らの実践を切り拓いていく大槻さんである。

定年退職して後、大槻さんは全国の幼稚園や保育園、小学校に赴いて「教え・学ぶ」機会をつくり出していった。斎藤先生から学んだことや自らつかみ取ったことを伝えるとともに、眼前に生じている事実に向き合って、後進たちと授業力を研ぎ澄ます場に身を置く大槻さんである。オペレッタや表現教材で子どもたちを解放していく実践のその先駆性については、小池順子さんが『子どもの音楽表現——大槻志津江の仕事に学ぶ』（一莖書房）で明らかにしている。

＊　＊　＊

「ほんもの」を目指す人が辿る道行きは険しい。思いもよらないところで「つかえ」て立ち止まってしまったり、やっかいな〝我〟が「つかえ」となって道が塞がれたりする。取り払うことができてホッとして歩み出しても、新たな「つかえ」が生じて難渋がつづく。

芸術の世界でも教育の世界でも、またスポーツなどの世界でも、現状にあぐらをかくとその腕は鈍っていく。ヤドカリが自身の成長に応じて巻貝を棲み変えていくように、より高い地点を絶えず目指して、実践に風格をもたせていかなければならない。

斎藤喜博は述べる。――「絶えざる自己脱皮ができ、自分を変えていくことができない」限り、「子どもの可能性を引き出すような、ひびき合いのある授業」はつくれない。「何をおいても、自己脱皮ができ、自己変革のできる、豊かな柔軟な人間に自分を変えていく」教師でありたい。(『私の教師論』国土社)。

私は千葉教授学研究の会で、大槻志津江先生に直に学ぶ機会に恵まれた。文学教材や表現教材をどう解釈してどのように働きかければ、子どもたちを教材のゆたかな世界に導き入れることができるか。実地に教えられる時間は濃厚で、この時間のためになされてきている周到な研究に敬服し、実践者としての〝胆〟を教えられた。

〈2021年5月初稿〉

〈補〉引用文の「我」は「われ」と読まれるかもしれないと思って、〝我〟と表記した。「が」と読まれたい。

「主体的・対話的で深い学び」の現場を斎藤喜博に学ぶ

高校以下の教員に課されていた教員免許更新講習は廃止されたが、その最後の年（2021年夏）、私は講座「現代に活きる斎藤喜博教授学」を担当した。『小学校学習指導要領／解説総則編』が指摘するように、「主体的・対話的で深い学び」の実現は「我が国の優れた教育実践に見られる普遍的な視点」である。これからの時代の教育に活かしていきたい「普遍的な視点」を、斎藤喜博教授学から学ぶことが講座の趣意である。

斎藤喜博さんの教育実践は多岐にわたるので、私は「授業の展開」に特化して行い、塚本幸男さんが「体育指導」の領域を、綿引弘文さんが「朗読指導」の領域を主に担当した。映像を適宜組み入れ、受講者と「対話」することを基軸に置いたこの講座について、小学教師Aは次のようにスケッチする。

――佐久間先生の「店って何だろう」は、普段当たり前だと思っていた自分の概念が揺さぶられ、自分の中に葛藤が生まれました。しかも、その過程が面白い。先生の投げかける言葉が次々と皆を刺激する。まさにこれが斎藤先生の授業なのだと思いました。時間があっという間に過ぎて楽しかったです。塚本先生の美しい表現体育は子どもに寄り添った質の高いご指導であると思いました。綿引先生の詩の朗読もとても楽しかったです。先生ご自身の教材観があればこそのご指導だと思いました。――

＊　＊　＊

受講申し込み時のアンケートや講習後に書かれた感想に接すると、斎藤喜博の著書を読んで受講することにした教師は見当たらなかった。

『君の可能性』を読んだと書き記す中学教師Bがいたが、それは劣等感に悩んでいた中学2年のときのことで、「とても励まされました」という読後感の記載であった。同書はシリーズ「筑摩少年図書館」の一冊であったので、同書を読んで「生きていく自信」を呼び覚ますことになった中学生は、かなりの数にのぼっているだろう。

教師Bは「それ以降、名前は覚えていたものの、触れることも自分で掘り下げることもなかった」と述べるが、もしかすると、教師を目指そうと思ったきっかけの一つに、同書との出会いがあったかもしれない。今回、斎藤喜博という教育実践者と正対した彼は、「斎藤先生は強い自信を持っておられ、自分を厳しく律せられていました。塚本先生の書かれた『11の言葉』はどれも教育の本質・真理をついているものばかりでした」と、この邂逅を深くかみしめていた。

斎藤喜博の名すら聞いたことのない受講者が多いことは、十分に予想ができた。どのように「斎藤喜博」と出会わせるかいろいろと考えて、前年3月に放映された「チコちゃんに叱られる」の視聴から入ることにした。

勤務校の卒業式に「呼びかけ」が採り入れられているか尋ねてみると、8割方が挙手した。高校教師を除いたほぼ全員の勤務する学校で組み込まれているという「呼びかけ」は、「今から考えればずいぶん形式的なもの」と斎藤が回顧する、島小第1期のものと考えていいだろう。

＊＊＊

授業が展開するとは、どういう状況を指すか——。『教育学のすすめ』(筑摩書房) を切り口にするプログラムが始まった。

同書は「授業が成立するための基本的な条件」を9つ挙げていて、その第4は「展開のある授業」、第5は「展開の角度のある授業」である。授業案を「導入—展開—まとめ」といった流れで作成している教師にとって、「展開」という授業段階はグループワークや調べ学習を組み込む時間として認識されているのではないだろうか。

「展開」という熟語は「ひろげて、ひらく」という意味で、「目を見はるような場面が示された」たとき、また、「新たに出現した事態が、どのような成行きになるかを予測できないままに進行する」事態を指している (新明解国語辞典)。

「峠に立つと、まばゆいほどの景観が展開した。」「事件は思わぬ方向へと展開していった。」「ドラマはこのあとどのように展開するか、来週が楽しみだ。」と言うとき、眼前に繰りひろげられている事態に呑まれて、心が高鳴る面持ちが伝わってくる。

授業が「たんに平板に羅列的に進行していく」かぎり、そこには「展開」という言葉を用いるような状況は教室に生まれていない。「授業が展開し始めた」と実感するのは、教材の解釈を巡って子どもたちや教師との間に「矛盾」が生じ、「対立」が起きて「衝突」の火花が散らされ、この後どうなるのだろうかと緊張感が高まったときである。

何とか局面を打開しようと知恵を絞り合っていると、新しい景色が見えてくる。ときには別の「未知の不明のもの」が創り出されて、思索に終止符が打たれることがない。

子どもたちが授業にのめり込んで、教材に食らいつくその「展開の現場」については、斎藤さんの介入した「森の出口」の記述を読んで頭に刻むことにした。また、そのときの子どもたちの一瞬一瞬の表情の移り変わりを撮影した川島浩カメラマンの次ページの写真を見て、目に焼きつけてもらった。

「展開」について「知識」としては理解したが、教室では「平板に羅列的に進行」する授業を相変わらずつづけている。そういうことになっては、この講座は立つ瀬がない。受講者が「えっ」と背筋を伸ばして考え込んでしまう「矛盾」に遭遇し、「対立」する意見の中で「衝突と葛藤」を繰り返して、新しい認識が芽生えてくる。そういう「展開」の現場に身を置くことが欠かせない。

私は「店って何だろう」の授業を行った。「やおや・とこや・コインランドリー・自動販売機・行商」の5つの写真を示して、この中で「店」と言えるものはどれか問う授業である（こ

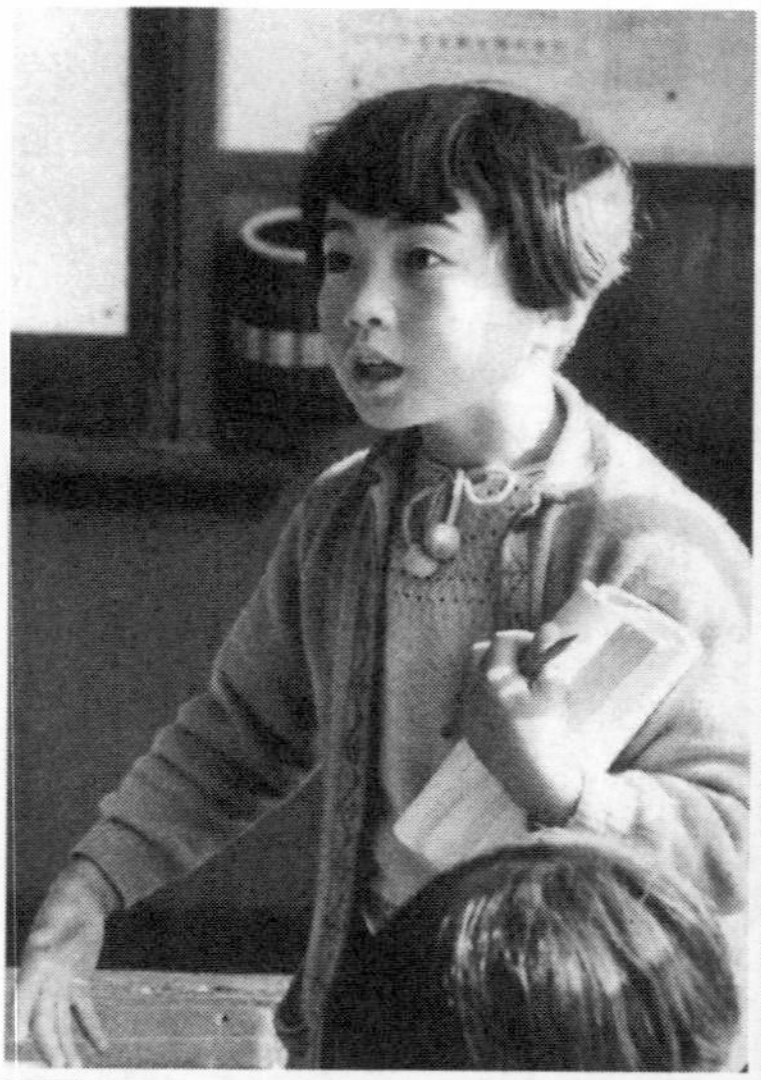

の授業は何冊もの拙書で紹介している)。

この講習では、やおやとこやは全員が「店」だと認識して、その理由が的確に挙げられた。コインランドリー以降になると意見は分かれ、「売り手がいない・路上にある・特定の場所に構えていない」といったことが、「店」とは言えない理由として挙げられた。私はその都度、「無人店・露店・出店」と呼ばれている〝店〟を挙げて、店認識にゆさぶりをかけた。

また、受講者には「店」に関わる歴史に目を向けさせた。自給自足の時代から物々交換の時代に変わり、そして、売りたい物を〝棚〟に並べ〝見せ〟て売るやおや型の「店(みせ・たな)」が平安時代に登場したこと、江戸時代になるとチョンマゲを結うというサービスを売る店が生まれ、そして今の世に至るという歴史である。

授業は最後に、銀行・病院・学校・タクシー・コインランドリーを次々に挙げて、それぞれ店かどうか挙手を求めた。自信なさそうに手を挙げる受講者が増えていって、授業は終わった。

この授業については教師Aがふれていたが、幼稚園教師Cも次のように書き記す。

——今日の「店って何だろう」の模擬授業で、生徒の気持ちになり楽しく考えることができました。初めに自分が持っていた意見がだんだんと形を変えていくのが分かり、頭の中で沢山の「？」が飛び交いました。そして、最終的に答えを明確にしない方法もあるのだと知りました。——

受講者のなかには本学在学中にこの授業を受けていた小学教師Dがいて、次のように述べる。

——この授業は学生の時にも受けたことがあったが、その時の心の揺れをまざまざと思い出された。頭がカーっと熱くなり、フル回転して考える。他の人の話を聞いて又悩むことの繰り返し、子どものなかにもともとあるものを教師が引き出し、広げ、新しい世界へと導くことで、子どもたちは無限の可能性を発揮するのだなと感じた学生の頃から、もう12年が経っている。——

教材に学び手を引きつける中身があり、展開を生じさせる構造を授業が備えていれば、再び受けることになった同じ教材の授業であっても、学び手はいつの間にか頭を絞って考えることになる。そして、混迷と混沌が広がる教室に身を置いていることが、こよなく楽しくなってしまう。

＊＊＊

「展開する」授業を体感した特別支援学校教師Eは、従来の「常識的教育観」と訣別することに心地よさを覚えている。

――授業の展開では、教師の準備したシナリオどおりにレールから外れずに進むことが良いと考えがちだったけれども、矛盾と対立、衝突と葛藤があってこそ良い展開なのだということから、何だか肩の荷がおりたような感覚になり、すっきりした気もちにさえなることができた。常識的教育観の中でもがいていた自分がいたのだと思う。――

ところで、塚本さんは「斎藤喜博の11の言葉について感想を言ってみよう！」というコーナーを組み入れ、その中に、次のような言葉を挙げていた（『事実と創造』第4号・一莖書房）。

――自分を出来上がっている人間と思い、子どもを不遜に見下したり、子どもをばかにしたり、自分のものだけが正しいと思い、一方的に子どもたちに教え込んだりしている教師は、逆に子どもから無視されたり反発されたりすることが多い。子どもたちはその教師の成長が止まっていることを見破ってしまっているからである。――

小学校教師Fはこの言葉に「はっとさせられました」と述べて、「50歳台になり、多くの経験を積んできているが、おごらず学び続ける姿勢をもたなければいけないと自分に言い聞かせました」と述懐する。

3年前に小学校を退職した元教師Gは述べる。――コロナの折、コンピュータ、タブレットなどが重視され、人とのつながりが希薄になってしまった今、今こそ、斎藤喜博の教育観が求められていると痛切に感じます。いつの時代にも決してゆずれない大切なことがある。人の心に寄り添い、心を通わせ、子どものありのままの可能性を広げ、未来をつくると痛感します。学校種を超えた20代の若い教師から60歳を過ぎた元教師まで、それぞれが「主体的で対話的で深い学び」の世界に身を置いて過ごしたとすれば幸いである。

〈2020年10月初稿〉

「仕合わせ」と「幸せ」
——斎藤喜博の「利根川」と中島みゆきの「糸」

礒前利行さんの「音楽表現指導法」の授業（千葉経済大学短期大学部こども学科・保育コース1年次生）を見つづけた。１３０名ほどの1年次生が4クラスに分かれ、こわばっているからだとこころをほぐし、内奥でうごめく思いを表現することを楽しんだ半年である。

今回のメイン教材は、「利根川」（斎藤喜博作詞・近藤幹雄作曲／１９７７〈昭和52〉年）であった。ステップを自在に活かして表現する身をつくり、「翼をください」「ビリーブ」などを歌って、想いを歌に乗せてつながっていく喜びを味わう。そして、美濃保育園の子どもたちがのびやかに表現するオペレッタの世界をＤＶＤで目の当たりにして、心を熱くする。

そういうほぐしを重ねて、奥深くに眠っている感性を目覚めさせ、「利根川」という壮大な叙事詩の表現に挑んだ学生たちである。

授業の終わりに10分くらいで書き綴る「ふりかえり」には、身が少しずつ解きほぐされていく過程がありありと記されている。

○今日は「ステップ難しいな〜」とか、「できるようになりたい」とかではなく、ピアノの音をよく聞き、そこに自分なりのイメージを咲かせてみました。そうしたら、自分なりにおいしそうなあんこがたくさんつまったあんパンになれた気がしました。（第4回）
○この授業の空間にいると、何でも音楽表現になっていくので楽しいです。曲が流れると表現するという感じではなく、表現すると音楽が流れてくるような気がします。（第5回）
○「かさじぞう」で子どもたちは全然恥ずかしそうにする様子もなく、迷いもなくてすごかったので、簡単にできるかと思ったけれど、殻を破るのがとても難しかった。（第7回）
○「利根川」の朗読表現では、自分なりに自由に体を動かしている人がいれば、まだ何か解放されていない人もいた。そのような人たちが物語の世界観に入れるように、体の縛りを少しでもほどいてあげたいと思った。（第8回）
○独唱をきわだたせることのできる朗読をしたい。（第9回）
○朗読する人をキラキラさせられるようにハミングすることが大切だと感じました。（第9回）

＊＊＊

私が梶山正人さんと「利根川」の表現に取り組んだのは、20年ほども前のことである。小学校教師の道を突き進む学生には、「利根川」の表現の追求で得たことを基点に据えて歩んでほしい。そのように願って取り組みつづけていたあの頃が、懐かしくよみがえってきた。

「利根川」はその2連で、「人間のよいことも悪いことも、美しいことも立派なこともみてきた」と詠う。抽象的にポンと書かれているこの1行を、人びとのどのようなおこないやふるまいを心に描いて語るか。学生S・Hは、次のようにみずみずしく書いた。

「人間のよいこと」は、新しい命が芽生え、希望の光が見えた時のことだと思います。どんなに貧しくても苦しい時でも、新しい小さな命が産まれるとわかった時は、大きな神聖な力をわけあたえられたような、希望に満ちあふれた気持ちになれる瞬間だと思います。

——「人間の悪いこと」は、自分のことだけを考えた時だと思います。みんなが苦しい時や、助けてほしい時、見て見ぬふりをして、自分だけよければいいという気持ちを抱くこと、これがそうだと思います。自分一人のことだけを考えて、人を踏み台にして、人が不幸になるようなことを平気ですることは、みにくいことだと思います。

「人間の美しいこと」は、野に咲く花や水平線に沈む夕日を見て、美しいと心から思える気持ちを持っていることだと思います。美しいものを美しい、すばらしいものをすばらしいと感じる心を持つ人は、人の苦しみや悲しみを自分のものとして感じ、ほんの少しの幸せでも分けあって生きようと思えるはずです。一人の小さな幸せでも分けあって、みんなをつつむことで、とても大きな幸せにかわると思います。

「人間の立派なこと」は、絶望や逆境にもおし流されないで、自分の決めたことは最後までやり通すことだと思います。人間であることの誇りを持って、正直に生きることだと思います。――

学生Y・Yは、「利根川は何百年、何千年も前から、四季折々の季節を迎えながら、人びとの声を聞いてきた」と書き出して、次のように述べた。

――今日も、上流の方では「悲しみをぶつけている人」に出会い、中流では「笑みをうかべて喜んでいる人」に出会い、下流では「深い悲しみに陥っている人」に出会った。一日にして幾つもの出来事を見たり聞いたりして、人びとの声を、その豊かな水流でうけとめていた。人びとの気持ち（思い）が込められた水は、太平洋へと注がれる。途切れることなく人びとの心をのせ、流し清めながら……。――

「利根川」と共に生きてきた人びとのその日その日、利根川が目にしてきたその日その日、学生が教えてくれるそのときは、きっと在ったにちがいない。

＊＊＊

「利根川」の2連は、「ときには静かな利根の川原に　笛の音がきこえ　人々は歌いおどって、仕合わせを楽しんでいた」と独唱して終わる。「幸せ」ではなくて「仕合わせ」と書かれていることは、とても気にかかった。2つの「しあわせ」はどう違うかそれなりに調べたが、どの辞書も「しあわせ（幸せ・仕合わせ）」といったように併記するので素通りをした。

しかし、利根の川原で興じられるこの場面を歌うことになった学生は、「仕合わせ」という言葉をあいまいにして歌うことはできなかった。

○ここにいる人々の普段の生活は、見るも無残なものかもしれない。でも、今のこの瞬間（とき）を「仕合わせ」として楽しんでいるのかもしれない。ここは、思いきり明るさをふりまいて歌いたいと思う。（学生K・Y）

○この利根川で、初めてめぐりあった人もいたであろう。でも少しも気にせず、自然に手をとりあう人々。名前を知らず、もういつ会えるかわからない。お互いにそうであっても決して不安ではない。いつになるかわからないが、ここに来ればいつでも会える。利根川がみんなの「仕合わせ」をみまもっていてくれると思うからである。

楽しく踊れるのも、この時だけかもしれないが、今、このひととき、精一杯楽しもう、かなしい事もつらい事も忘れて……。そういう気持ちにみんながなれるくらい、明るく、楽しく歌いたい。みんなが踊ろうと思っておどるのではなく、自然に体が動くように歌いたい。できたら、みている人もおどりたくなってしまうくらいに……。（学生O・M）

今回、磯前さんは授業の第10回目に、中島みゆき作詞作曲の「糸」（1998〈平成10〉年）を歌おうと呼びかけた。ほとんどの学生が愛唱しているようで、肩をゆらしながらギターにのせて歌い出した。

なぜめぐり逢うのかを　私たちはなにも知らない　いつめぐり逢うのかを　私たちはいつも知らない　どこにいたの　生きてきたの　遠い空の下　ふたつの物語　縦の糸はあなた　横の糸は私　織りなす布は　いつか誰かを暖めうるかもしれない

このように歌い出す「糸」は、「縦の糸はあなた　横の糸は私　逢うべき糸に　出逢えることを　人は仕合わせと呼びます」と閉じる。

磯前さんはスクリーンの「仕合わせ」を指さして、【「しあわせ」は「幸せ」ではないんですね。どう違うんだろう?「利根川」のことも「仕合わせ」となっているんです】と、「仕合わせ」という言葉に着目させた。私にとっては、二十数年越しに投げかけられた、素通りすることが許されない問題の投げかけである。

学生は叙事詩「利根川」の一つひとつの言葉を視界に入れて、「仕合わせを楽しむ」ことと「幸せを楽しむ」ことの違いに目を向けていった。

○「糸」を歌う時に、私なりに「仕合わせ」は巡り合わせだと解釈していたので、隣にいる友人や同じ授業を受ける仲間、先生と色々な人と出会えたことをかみしめて歌いました。感情や想いを込めて歌うと、言葉がより心にしみました。(学生M・Y)

○みんなと一つのものを創りあげていくということは、〝仕合わせ〟だなと思いました。残りの授業が少なくなっていくのが悲しいけど、毎時間を噛みしめて読んでいきたい。（学生Ｍ・Ｃ）

○今日、「糸」を歌って、「仕合わせ」の意味について考えました。「利根川」も「仕合わせ」の漢字の方で書かれていたのを思い出して同じだと思ったけれど、「糸」と「利根川」ではまた違った意味の気がするので、たくさん考えてみたいと思った。（学生Ｏ・Ｆ）

「利根川」の詩の中からある言葉を取り上げて、その言葉をどう解釈するか述べるレポートが課された。その中には、「仕合わせ」を取り上げて次のような書くものがあった。

○私は「幸せ」はご飯が食べられるなどの、今ある当たり前の日常のことで、「仕合わせ」は人とのめぐり合わせや起こること（良いことも悪いことも）などの、予期するのが難しいことを意味するのではないかと考えました。そして、「仕合わせ」を「幸せ」と書かず、「楽しんでいた」と書かれているのは、人から見た視点ではなく、利根川から見た視点だと思いました。（学生Ｍ・Ｈ）

○その前は洪水の話で、暗い感じだったけれど、明るく変わったので、笛の鳴るお祭りを歌いおどり楽しんでいるように感じた。「仕合わせ」と表現しているところも、利根川は人々にとって良い面だけではなく悪い面もあるけれど、全てが〝仕合わせ〟であり、悪い面も含めて村人たちは楽しんでいるのだと解釈した。（学生Y・H）

＊＊＊

高木傭太郎さん（日本史研究者）の論稿『『しあわせ』と人生〜『仕合わせ』の再生について」を読んだ（『共に生きる場を拓く―私たちの「仕合わせ」づくり―』一粒書房・2019〈令和元年〉）。「しあわせ」という言葉の移ろいを教えてくれる、とても有り難い論考であった。高木さんの指摘を活かしながら、「しあわせ」という言葉の来し方を以下に記す。

「仕合わせ」という言葉は、『『する』ことと『合わせる』こと」という「人間の活動の基本的行為を表現する2つの言葉」を連結して成り立つ。「しあわせ」という言葉は、80年ほど前までは「仕合わせ」と書かれることがふつうであった。しかし戦後になると、満ち足りた心地を指す「幸福」という言葉と結びついて、「幸せ」と書かれるようになった。

戦国の武士の世に思いを馳せれば、人びとは悲痛な死傷を意識する日々を生きていた。好ましいときには「よき仕合わせ・有り難き仕合わせ」と喜び、思わしくないときには「仕合わせ悪く・不慮の仕合わせ・哀れなる仕合わせ」と身を引き締めた。

江戸時代になって平和な日々を送ることになると、人びとは「仕合わせ」は良い場合のみに使い、芳しくない場合には「不仕合わせ」と言った。

明治時代になると西洋文化が目まぐるしく流入し、「ハッピネス」という英語は魅力的で、「幸福」と翻訳された。公的で知的な場では「幸福」が、私的な日常生活の場では「仕合わせ」が使い分けられるようにして、大正・昭和の時代へと移っていった。

第2次大戦で悲惨さや苦しみを舐めた人びとは、平和な日常の訪れを喜び、家庭を第一に考えるマイホーム主義を唱えた。高度経済成長の時代（1960年代）に入ると、テレビから「幸せ」を希求し幸せであることを喜ぶ歌が次々に流れ、「幸福いっぱい空いっぱい」（島倉千代子「恋しているんだもん」61〈昭和36〉年）の時代が到来した。坂本九の次の歌は、今でも多くの人が口ずさんでいる。

○「幸せは雲の上に　幸せは空の上に　上を向いて歩こう　涙がこぼれないように」（「上を向いて歩こう」61〈昭和36〉年）
○「見上げてごらん　夜の星を　小さな星の　小さな光が　ささやかな幸せを祈ってる」（「見上げてごらん　夜の星を」63〈昭和38〉年）
○「幸せなら手をたたこう　幸せなら手をたたこう　幸せなら態度でしめそうよ　ほらみんなで手をたたこう」（「幸せなら手をたたこう」64〈昭和39〉年）

この時代に「しあわせ」を歌った曲は枚挙にいとまがない。その中から2曲を付け加える。

○「幸せだなァ　僕は君といる時が一番幸せなんだ」（加山雄三「君といつまでも」65〈昭和40〉年）
○「しあわせは歩いてこない　だから歩いてゆくんだね」（水前寺清子「三百六十五歩のマーチ」68〈昭和43〉年）

映画に目を転ずれば、山田洋次監督の「幸福の黄色いハンカチ」（「しあわせの……」と読む）が感動に感動を呼んで、77（昭和52）年の第1回日本アカデミー賞などに輝いた。

様態を示す助動詞「そうだ」と連結する「しあわせそう」は、「幸せそう」に感じられることを表す。立ち居振る舞いに「幸せそう」な様子を察知すると、つい笑みがこぼれてしまう。もし落ち込んでいるように感じ取ったときは、「不幸せそう」に見えるその人に寄り添おうとする私たちである。

＊＊＊

中島みゆきの「糸」（縦の糸はあなた　横の糸は私　逢うべき糸に　出逢えることを　人は仕合わせと呼びます）が世に知られるようになったのは２０１３〈平成25〉年ころである。それから徐々に歌い広がっていって5年後（18年）、「フル配信ミリオン」認定となった。史上最も長い年月がかかった認定だという。20〈令和2〉年には、この曲をモチーフとした映画

「糸」が公開された。

高木さんは、「平成・令和の時代は『しあわせ』という人の生き方をあらためて見つめ直す世となっているのではないか」と考える。

——近年は、未来の人生が見通せない中で、社会への不満を他者にバッシングしたり傷つける方向で解消したり、排他的な国家の強い力に期待をする傾向も強まっています。それは、社会の分断化への道です。／この時代にあたって私は、「幸せ＝幸福」が「仕合わせる」行為があってこそ可能であり社会の「共同の幸福」に繋がるという感覚の形成や、また日本文化の伝統にある、よい場合も悪い場合も含めて、人間の運命が「仕合わせる」行為によって決まるという感覚が再生するためにも、「仕合わせ」という言葉が返りみられることが必要であるように思います。——

斎藤喜博さんの叙事詩「利根川」が書かれたのは、高度経済成長期に入った１９６２〈昭和37〉年である。その6年後、公開音楽会を終えて職員20名と四国に職員旅行に赴いた斎藤さんは、次の一首を「足摺岬にて」の詞書で、詠んだ。

我とゐて幾らかの仕合わせのありやなしやかへりみて罪の如く思ほゆ

〈２０２３年2月初稿〉

あとがきに代えて――「教師くささ」を取り払って「教師の腕」を研ぐ

女優で、声優やナレーターとしても活躍してきた奈良岡朋子さんが逝去した（2023年3月23日、享年93歳）。ドキュメンタリー「奈良岡朋子～俳優、75年の旅～」は、その人生を私たちに伝える（NHKテレビ総合・23年4月29日）

父は洋画家の奈良岡正夫さんで、幼いころから油絵に親しんで育てられた。舞台美術家を志望して女子美術専門学校に進学したが、「もののはずみ」で劇団民藝の研究生試験を受けた。3次試験の面接員は、滝沢修さんであった。

「もし君ね、ここが受かったら新劇の勉強は大変なの。毎日、授業とレッスンがあるんだよ。学校と両立はできないだろう。どっちにするの?」と聞かれて、どうせダメだと思っているので「こっちへ来ます」と答えた。

数日後、「合格通知」が届いて父に掛け合うと、学校の卒業を条件に許しが出た。養成所と行き来する日々を3年近くつづけて卒業すると、「これからどうするんだ」と父に問われた。「一人で絵を描くのはもういい。どうせならみんなとやる仕事がいい」と話すと、「二度と絵を描くな。絵を描きながら芝居はやるな」と父は激高し、絵の具箱が取り上げられた。（関容子

『女優であること』文藝春秋も参考）

初舞台は「女子寮記」で、宇野重吉さんとの共演である（1948・昭和23年）。それから1万回の舞台を踏み、宇野重吉・滝沢修の逝去した後は、劇団民藝の代表を大滝秀治さんと務めた。奈良岡さんには16歳のときに原爆投下直後の広島の街々を歩く人生があって、自分が「生き残っているのは運ですよ」と語る。

新藤兼人監督の映画「原爆の子」に出演したことがあったし（23歳の時）、84歳になって後は一人芝居「黒い雨」（井伏鱒二）を全国各地で演じてきた。

＊＊＊

奈良岡さんは、「役をもらったら、その役を自分のものにしちゃう。それしか手はない」と述べる。「自分を無くして生まれ変わる」という人がいるが、「それはありえない」。「あくまで自分は自分」なので、「自分をいかにその役に近づけるか、その役を引っ張り込むか」しかない。そうじゃないと、「作りもの」になっちゃう。納得できないでやっていたら、「お芝居しちゃう」と話す。

そして、「朗読」と「語り」はちょっと違う。役者はセリフを言おうとすると、つい「色を付けて」言いたくなる。いい気持ちになってセリフを口にすると、それは「芝居になっちゃう」。小説『黒い雨』に井伏さんが書いた活字をそのまま客に伝える。気持ちを入れたくなる言葉がそこにあっても、感情は抑える。しかし、その言葉に込められている感情はちゃんと伝える。これは「すごく苦しいことです」と語る。

奈良岡さんが肝に銘じていることは、「芝居くさくなってはならない」である。番組には舞台稽古に立ち会うシーンがあって、そこでは次のように指摘していた。

――なんだか、みんな声を張り上げてない。やかましい。けたたましい。みんながみんな同じボリュームで行くから、強弱が無いからちょっとけたたましい。それで同じテンポで行くじゃない。なんかテンションが上がり過ぎているような気がする。張り切ってるのみんな？　もっと余裕をもって生活していいんじゃないかな。日常生活が見えないのよ。お芝居してるってふうになっちゃうのよ。芝居くさくなっちゃうのよ。――

＊　＊　＊

大滝秀治さんは奈良岡さんと同じく、劇団民藝養成所1期生である。写文集『長生きは三百文の得』（集英社・写真は谷古宇正彦）は、その冒頭に「俳優であったという事実を、自分で確認するために、この本を出す」と書き記す。私は大滝さんの味のある演技を思い浮かべながら、ページをめくった。

大滝さんは稽古中にもらったダメ（演技についての助言）はすべて清書し、何度もかみしめながら舞台に立ってきた。同書に挙げられているダメに接すると、それは教師である私の身にも突き刺さってくる。「熱演」と言われる演技に対する滝沢修の次のダメは、痛烈である。

――きみは大滝秀治が熱演しているって言われて、褒められたと思っているかもしれないが、

「熱演」という言葉は、過不足で言えば「過」である。「過」は英語で言えばオーバーである。オーバーなら、どうして誉め言葉ですか。批判してるんだと思いますよ。きみの芝居は勢いでやっている。表現は意志であって感情ではない。このことを覚えなさい。きみの芝居は全部勢いである。——

「舞台ではなにもしないでいい」と言われて、そのことを言葉通りに受け取っていることに対しては、宇野重吉がこっぴどく叩いた。

——「なにもしないでいい」って言ったら、おまえ、なにもしないじゃないか。ええ? びっしりびっしり役を詰めて詰めて、それから、捨てて捨てて捨てて、ただ風のない暗い場所に、蠟燭が蒼い炎を立ててまっすぐ立っているようになるのが「なにもしない」であって、しないでいいって言われたから、なにもしないいんじゃないんだ。——

熱を入れ過ぎるもダメだし、「何もしなくていい」と言われたからといって、そこにただ居るだけの舞台もダメ。「役」を詰めて詰めたうえで、それらをすべて捨て去って、細い蠟燭が風のない暗い場所で蒼い炎を真っ直ぐ立てているように演じる。それが役者だと言うのである。

口にする台詞について出されたダメも、教師として心しなければならないことであって、骨身にこたえる。宇野重吉は言う。

——台本の台詞の活字が見えるうちは、まだまだ「台詞」だ。活字がみえなくなって初めて台詞が「言葉」になる。つまり、舞台は言葉だ。おまえの台詞は活字が見える。だから、相手との関係において完全に成立していない。——

滝沢修は言う。

——台詞は覚えるものではない。体のなかに、いつのまにか忍び込んでくるものだ。だから覚える動作は創造のうちに入らない。「初日には台詞を忘れる」と言われるのは、舞台で初めてその言葉が浮かぶように出すということで、そうすれば「言葉は新鮮」に客に伝わる。——

大滝秀治さんは87歳で逝去した（2012年10月2日）。青山葬儀場で営まれた「お別れの会」では、テレビドラマ「北の国から」で北村清吉役（牧場主）を演じた大滝さんについて、倉本聰さんが次のように語った。

——富良野の農村を歩き回って地元の人が着ているジャンパーや帽子を強引に借りるので、「追いはぎの大滝」と恐れられていた。役どころの履歴づくりや住まいの地図、景色、そうしたところから「役を生み出す」ということを僕に教えてくれたあなたは、僕の師匠です。——

＊＊＊

奈良岡さんが肝に銘じていたのは、「芝居くさくなってはならない」であった。私たちが「くささ」を感じるのは、どういうときか。それは悪臭が漂ってきたり脱いだ靴下を嗅いだりしたときで、思わず「くさい」と鼻をつまんでしまう。

その臭覚は、「嘘くさい・古くさい・面倒くさい」というように、いかにもそれらしい雰囲気がするときも、その嫌な感じを嗅ぎ取る。「あの態度はどうもくさいな」と、人のいぶかしさをも感じ取る鼻である。舞台を観ていて「芝居くさい」と目をつぶってしまうのは、安っぽい芝居を演じて気取っている役者に接したときである。

授業を参観しているときに、「教師くさい」と感じてしまうことがある。「こういうときには、このようにするのが教師です」というように、どこかで仕入れた「作り物然」とした所作をして、教師の〝衣装〟をまとっているだけであることが目に入るときである。

宇野重吉のダメを活かして言えば、子どもに語りかける言葉は、誰かの言った言葉をなぞるように口にしても届いていかない。よそよそしく並ぶ「活字」のように話されては、耳に残らないし心にも届かない。伝えたい思いが、「手書き」で書き込んだ一文のように、自身のからだをくぐり抜けて口から表に出てきたときに、聴き手の心に響いていく。

滝沢修のダメを活かして言えば、頭の片隅に記憶しておいた言葉を差し出すようでは、子どもの心は動かない。いつの間にか体のなかに忍び入っていて、時機が訪れたときにさりげなく顔を出してくる。そういう言葉が子どもたちの心をつかむ。

教師の〝腕〟は、砥石で研ぎ澄ますことを忘れると、錆びついて切れが悪くなる。ファシリテーターくささや教育コーチくささが付着している教師が、うすっぺらに交わしている知識のやりとりを褒めそやす。「授業くさい時間」に身を漬かされる教室には、居たたまれない。子どもたちが教室で出逢いたいのは、どういう教師か——。それは、授業の構造を緻密に組み立てて授業案を練り上げ、誰もが秘めている可能性を掘り起こしていく。そういう〝教師としての腕〟を研ぎつづけている教師である。

〈補〉拙書の出版に当たっては、一莖書房の斎藤草子さんと川田龍哉さんに大変にお世話になりました。末筆ながら、深くお礼を申し上げます。

ら

わ

この本に登場する方々の索引

〈著者紹介〉

佐久間勝彦
1944（昭和19）年千葉県生まれ。早稲田大学第一政治経済学部卒業。同大学院修士課程（教育学専攻）修了。神奈川県川崎市立中学校に社会科教論として6年間勤務したのち、1976（昭和51）年より千葉経済大学短期大学部に勤務。

現在、千葉経済大学学長。千葉経済大学短期大学部学長。附属高校校長。

著書：『社会科の授業をつくる——社会に目を開く教材の発掘』（明治図書・1985）、『地域教材で社会科授業をつくる』（明治図書・1987）、『教材発掘フィールドワーク』（日本書籍・1989）、『社会科なぞとき・ゆさぶり5つの授業』（学事出版・1992）、『教師の感性をみがく』（教育出版・1996）、『学級崩壊を超える授業』（教育出版・1999）、『フィールドワークでひろがる総合学習』（一莖書房・2003）、『教師のこころの扉をひらく』（教育新聞社・2006）、『学びつづける教師に——こころの扉をひらくエッセイ50』（一莖書房・2013）、『アクティブ・ラーニングへ——アクティブ・ティーチングから』（一莖書房・2016）、『教えない「教える授業」——すぐれた教育の実践に学ぶ』（一莖書房・2020）

つくる◆教えない『教える授業』——教師としての〝腕〟をみがく

2023年11月15日　初版第一刷発行

著　者　佐久間勝彦
発行者　斎藤草子
発行所　一莖書房
〒173-0001　東京都板橋区本町37-1
電話 03-3962-1354
FAX 03-3962-4310

印刷・製本／日本ハイコム
ISBN978-4-87074-259-8　C3337